R 22018

1745

Morelly

*Essai sur le coeur humain, ou prin
naturels de l'éducation*

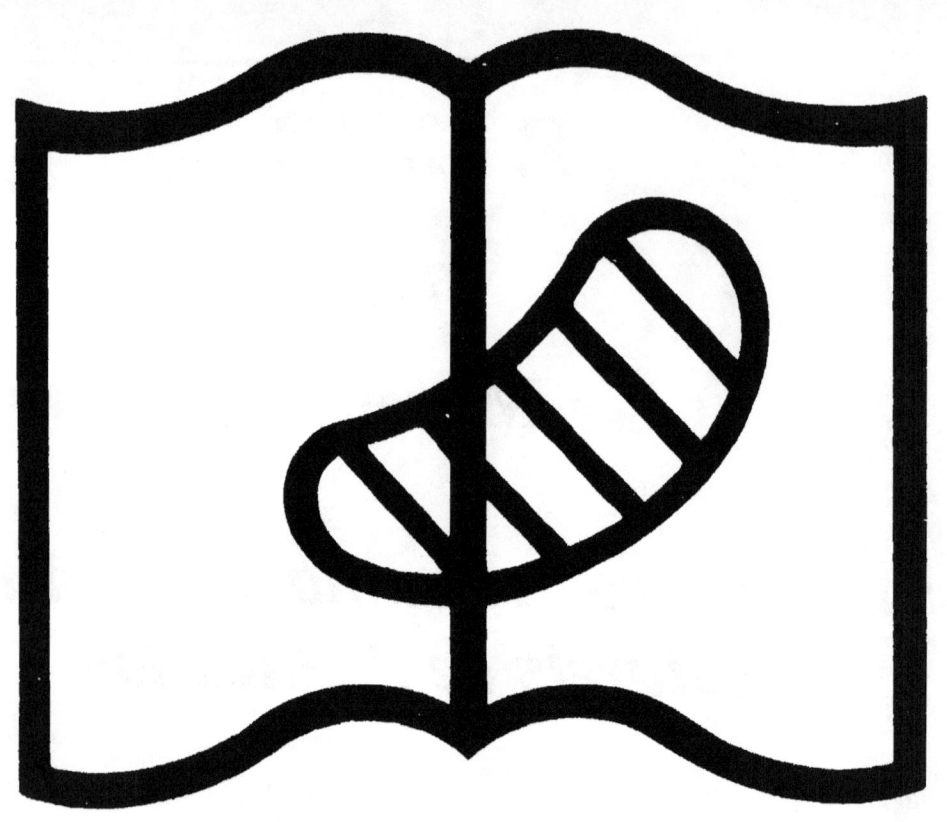

Symbole applicable
pour tout, ou partie
des documents microfilmés

Original illisible

NF Z 43-120-10

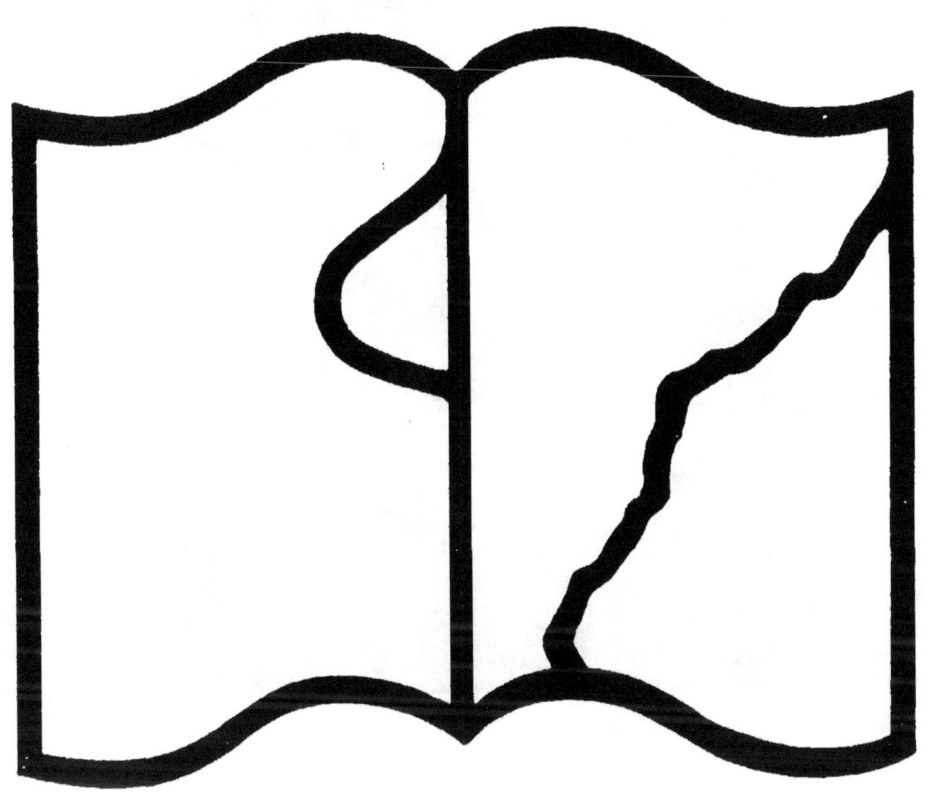

Symbole applicable
pour tout, ou partie
des documents microfilmés

Texte détérioré — reliure défectueuse

NF Z 43-120-11

ESSAI

SUR

LE CŒUR HUMAIN.

R.2992
Б.А.

ESSAI
SUR
LE CŒUR HUMAIN,
OU
PRINCIPES NATURELS
DE
L'EDUCATION.

Par M. MORELLY.

A PARIS,
Chez CH. JEAN-BAPT. DELESPINE,
Imp. Lib. ord. du Roi, rue S. Jacques,
à la Victoire & au Palmier.

M. DCC. XLV.
AVEC APPROBATION ET PRIVILEGE

A SON ALTESSE
MONSEIGNEUR LE PRINCE
DE
ROHAN VENTADOUR,
COADJUTEUR DE STRASBOURG,
ABBE' DES ABBAYES
PRIMICIERES DE MURBACH, ET DE LURE, PRINCE DU ST EMPIRE, &c.

ONSEIGNEUR,

L'Approbation dont VOTRE ALTESSE, *a bien voulu ho-*

EPITRE.

norer le premier Ouvrage qu'elle m'a permis de lui présenter ; me fait prendre la liberté de publier sous vos auspices le second Essai destiné à former l'honnête homme. Je ne puis mieux consacrer ce travail qu'à un Prince, qui réünit en sa personne les plus rares talens, & les plus aimables qualités.

Votre nom, Monseigneur, à la tête de ce Livre, fera voir que les hommes de la plus haute naissance, sont moins illustres par leurs ayeux, & par les avantages de leur rang, que lorsqu'ils semblent oublier ce qu'ils sont, pour n'exercer leur pouvoir qu'à gagner les cœurs.

S'il y avoit lieu de craindre

EPITRE.

que ce foible témoignage rendu à la Vérité, fût soupçonné de flatterie, il auroit pour garant l'estime générale de la Nation, & même des Etrangers, fondée sur la réputation que vous vous êtes acquise.

Imitateur des Vertus d'un Oncle illustre, vous soutenez dignement avec lui le poids pénible & glorieux du Ministere Apostolique, & méritez toute sa tendresse.

Faut-il, Monseigneur, *des preuves plus autentiques des justes motifs qui font que j'ose présenter à* Votre Altesse, *cet Essai sur le Cœur; je la supplie de l'agréer comme un hommage dû au vrai mérite qui brille en*

EPITRE.

Elle, & une marque du profond respect avec lequel je suis,

MONSEIGNEUR,

DE VOTRE ALTESSE,

Le très-humble & très-obéissant serviteur.
MORELLY,

LETTRE

A UN AMI

SUR LE PLAN

DE CET ESSAI.

Vous me demandez, Monsieur, le Plan de cet Essai; je le dois à votre affection généreuse, qui s'intéresse à tout ce qui me regarde.

á v

I. Partie. Les Passions en général.

L'homme est *raisonnable* & *sensible* : il n'est doué d'intelligence que parcequ'il est susceptible des douces impressions du *bien* ; ce bien nous est essentiel, c'est notre *existence*, & Dieu a voulu que l'ame fût tellement pénétrée du vif sentiment de ce bien, qu'elle ne pût un instant s'y refuser : de sorte qu'on peut dire que l'homme est la seule créature vivante, qui sache distinctement qu'elle éxiste : l'homme ne peut donc pas ne pas aimer son éxistence, il ne peut pas ne pas s'aimer lui-même : tel est *essentiellement le Cœur humain* : tel est le *centre* & le *premier mobile* de son *activité*. Les degrés de *plaisir* ou de *douleur* dont il est susceptible, font son *étendue*.

Nous veillons à la conservation de notre existence, nous cherchons tout ce qui peut en maintenir la tranquillité, ou en rendre le sentiment plus vif & plus agréable ; nous écartons tout ce qui trouble notre repos, & *l'intelligence* nous *éclaire*, tandis que notre *volonté* fait *choix* de ce qui lui convient. Telle est la différence d'emploi de l'Esprit & du Cœur :

Deux puissances dans l'homme exercent leur empire,
L'une est pour l'exciter, l'autre pour le conduire.... *Pope.*

Si vous considérez ensuite l'union du Corps & de l'ame, le commerce que cette union entretient entre nous & une foule d'objets extérieurs qui nous environnent, les différentes impressions que font sur nous ces objets ; tout cela vous fera remarquer les divers mouvemens de notre cœur pour se mettre en possession *du bien* & éviter *le mal*. Tous les hommes se ressemblent parfaitement en ce point.

Rappellez-vous, Monsieur, les principes établis dans le premier Essai où je tâche de prouver que ce qui différencie chaque homme en particulier, n'est qu'accidentel comme la variété des organes, de temperament d'état, de condition, les vicissitudes de la vie, tout cela influe sur le Cœur comme sur l'Esprit.

J'ai donc travaillé pour ces deux parties de nous-même, sur le même canevas, prenant les objets de leur instruction dans le premier traité par l'*intellectuel*, & dans celui-ci par le *sensible*.

Mais vous jugerez mieux de la conformité des deux plans, par la comparaison que je vais faire de leur division.

Vous sçavez que par la

double impression que les objets font sur l'Ame, le pur *sentiment*, ou si vous voulez, une sorte d'*instinct*, ce que l'école appelle *appetit sensitif*, correspond parfaitement à *l'imagination* qui nous peint les objets & reveille en nous quelque *idée*. Ainsi la premiere impulsion d'un objet, qui excitant en nous quelque sensation agréable ou désagréable meut notre cœur, est toujours accompagnée de la perception de quelque idée qui meut notre esprit, & les degrés succeffifs de cette perception contribuent à déveloper des sentimens auparavant confus.

Lorsque nous avons souvent éprouvé les mêmes sensations, il reste chez nous une habitude assez semblable à la mémoire qui nous rappelle des idées. On pourroit nommer cette habitude une *mémoire sensitive*.

Le Jugement que la réfléxion nous fait faire sur le *bien* & le *mal*, est très-conforme à celui que nous portons sur le *vrai* ou le *faux*:

pour les distinguer je laisse à celui-ci le nom de *Jugement*, & j'appelle l'autre *Discernement*.

Enfin il est une expérience pour la conduite morale des hommes, comme il en est une pour les Sciences & les Arts.

Tous ces ressorts de l'Esprit & du Cœur les faisant agir de concert, l'éducation doit regler leurs mouvemens les uns par les autres.

Vous voyez dans ce paralléle un abregé du dessein de l'Essai sur le Cœur, dont je vais vous rendre compte plus en détail.

Partons d'un principe qui serve comme de fondement à cette partie de l'édifice. Il est à croire que le Créateur avoit établi une parfaite égalité entre tous les individus du genre humain, sans remonter jusqu'à l'origine des vices qui ont rompu cet *équilibre* ; arrêtons-nous à cette vérité. *Il est toujours parmi les hommes, sinon une égalité de condition, au moins une égalité de nature.* Le plus ou le moins entre le trône &

la houlette n'est qu'accidentel, & laisse toujours entre eux une *égalité de proportion*, fondement de l'œconomie de toute société ; tout ce qui la trouble est *vice*.

<blockquote>
Tout ce qui contrédit cette fin principale
Que Dieu se proposa pour sa loi générale,
Porte visiblement l'empreinte de l'erreur.
</blockquote>

De même que tout ce qui met quelque division entre les deux puissances de notre ame. Si rien de plus naturel à l'homme que les passions, rien aussi de plus fâcheux que leur désordre. Il est inutile de deplorer nos égaremens, il faut chercher les plus sûrs moyens d'y remedier ; l'éducation qui redresse le naturel sans le forcer, nous les fournit. Peut-elle en retranchant ou prevenant les vices, donner à la vertu son dernier lustre ? Non, il n'appartient qu'à la religion : mais au moins cette éducation peut nous habituer à faire que

La raison, l'amour propre avec le même effort,
Tendant au même but marchent toujours d'accord.

. . . .

Et que sans offenser les intérêts des autres,
Leur mouvement se borne à contenter les nôtres.

S'il importe peu à la société par quel motif secret le particulier pratique la vertu, l'éducation doit faire autant qu'il est humainement possible, que l'habitude de pratiquer la vertu la lui rende aimable & comme naturelle, elle doit fortement nous persuader que

Qui possede un sens droit, qui possede un bon cœur,
A dans son propre fond la source du bonheur.

Conséquemment à ces importantes maximes, j'en-

II. Part.
Le Sentiment.

tre en matiere sur la pratique de l'éducation du Cœur. J'examine le caractere dominant de l'enfance, je trouve que sur tout à cet âge

Du penchant naturel les secrets mouvemens
Sont plus frequens, plus forts que des raisonnemens.

La délicatesse des organes, & la vivacité de l'imagination supplée au défaut du Jugement : les enfans n'agissent donc presque que par un instinct au-dessus à la vérité de celui des animaux, mais fort au-dessous de celui qui eſt dirigé par les lumieres d'une raiſon mûrie par le tems. Il eſt donc vrai que l'enfance peu capable de connoître la vertu par réfléxion, doit être habituée par le bon exemple, par ce que la Religion a d'extérieur à pratiquer le bien par imitation, proporcionnant enſuite la force des préceptes aux degrés d'accroiſſement de la raiſon, on lui préſente ce qu'il y a de moral dans le merveilleux de l'hiſtoire & dans les lettres humaines.

III. Part.
Le Discernement.

Devenu capable d'étudier les sciences, l'homme ne doit point y chercher à contenter une vaine & inutile curiosité, mais à se connoître lui-même & les vrais intérêts de son cœur, il est moins fait pour speculer que pour agir. Dans cette troisiéme partie je joins à l'étude de la Philosophie morale celle de la Religion; je vous avertis, Monsieur, que je ne regarde point les preuves que j'en donne comme complettes, il n'est pas possible de les renfermer dans

dans un si petit espace : je ne prétens pas non plus que ce soient les plus fortes, mais celles qui suffisent pour persuader un cœur qui n'est point encore dépravé par la fougue des passions, & pour le mettre en état de faire par lui-même de plus amples recherches sur la vérité de notre Religion. Enfin appuyé sur les fondemens de la morale, j'attaque la présomption & la prévention du cœur, filles de l'ignorance & d'une aveugle cupidité, les deux plus grandes ennemies du vrai & solide bonheur qui portent obstacle à tout ce que nous pourrions faire de bon pour nous & pour la société : pour mieux connoître la cause de ce qui rend si souvent l'homme contraire à lui-même, j'éxamine les différens caractéres particuliers du cœur, conformément à ce que nous avons dit de ceux de l'esprit, je tâche de découvrir les effets que produisent en eux le mêlange du vice ou de la vertu, avec la sience, l'opinion & l'erreur ; en un mot c'est par toutes ces recherches que le cœur aidé des lumieres d'un esprit sensé apprend à discerner le bien du mal, & à se connoître dans les autres.

Passant de-là à l'expérience, j'introduis un jeune homme dans le monde, je lui fais observer de plus près les différentes manieres d'agir de la plûpart des hommes, les motifs qui les font ou parler ou se taire en certaines occasions : c'est par ces signes qu'il apprend à conjecturer quels peuvent

IV. PART.
L'Expérience.

être leurs desseins & leurs vues, à connoître leurs humeurs, leurs inclinations, soit pour s'y conformer par ménagement, soit pour en éviter l'artifice. Je donne des maximes générales pour agir en honnête homme avec ses amis, dans les compagnies, dans les affaires, pour demêler ses intérêts de ceux des autres, toujours par des moyens mésurés sur l'équité, je ne m'étens pas beaucoup sur ces maximes, persuadé que je suis, qu'un jeune homme dans le cours d'une Education, telle que je la propofe, aura gravés dans l'efprit & dans le cœur les plus excellents precep- tes de la prudence & de la probité : il faura également remplir les devoirs auxquels l'engagent les liens du fang & de la fociété.

Réuniffez maintenant ce que j'ai dit dans l'Avant- propos du premier Volu- me, joignez-le à ceci, & à ce que vous verrez à la fin de ce fecond traité, vous aurez tout le plan de mon fyftême fur l'Education. J'ai tâché d'obferver dans l'œconomie de cet Ouvrage une éxacte fymétrie.

Vous m'avez réproché, Monfieur, de ne m'être pas aſſez étendu fur des matieres dont le détail feroit intéreſſant ; mais confidérez que j'ai été obligé de ne point paſſer certaines bornes pour ne rien faire entrer de difproportionné au corps de cet édifice ; il renferme en petit des parties qui rempliroient pluſieurs volumes, ſi j'entreprenois de les traiter comme vous le fouhaitez.

J'avertis d'ailleurs en plus d'un endroit, que ne voulant point prendre un ton décisif, il me suffit d'avoir indiqué clairement les moyens les plus sûrs de perfectionner l'Education; je laisse à ceux qui voudront suivre ce systême le choix des instrumens qu'ils voudront employer pour la pratique, ils tireront de mes principes toutes les conséquences qu'ils jugeront à propos. Ne regardez donc cet Ouvrage que comme l'esquisse d'un tableau qu'on peut faire si grand que l'on voudra, & dont chacun peut à son gré varier le coloris, pourvu qu'il n'en trouble point la disposition;

Je suis, Monsieur, &c.

TABLE DES CHAPITRES DE CET ESSAI.

PREMIERE PARTIE.

LES PASSIONS EN GENERAL.

CHAPITRE PREMIER.

IDÉE *générale du Cœur.*
pag. 1

CHAPITRE II.

Cause générale, & variété des mouvemens du Cœur. 7

TABLE

CHAPITRE III.

Diversité du Cœur dans chaque homme. Du naturel & de l'habitude. 14

CHAPITRE IV.

Quel est le but de l'Education. 26

DES CHAPITRES.

PRATIQUE D'ÉDUCATION POUR LE COEUR.

SECONDE PARTIE.

LE SENTIMENT.

CHAPITRE PREMIER.

Caractere général de l'Enfance. p. 33

CHAPITRE II.

Comment il faut corriger les défauts ordinaires de l'Enfance. 37

TABLE.

CHAPITRE III.

Du pouvoir de l'exemple sur les mœurs. 44

CHAPITRE IV.

Des qualités nécessaires aux parens ou aux Maîtres, & de la maniere dont ils doivent se comporter avec les Eléves. 54

CHAPITRE V.

Comment on doit apprendre la politesse aux enfans. 66

CHAPITRE VI.

De la Religion. 76

CHAPITRE VII.

Des récompenses & des châtimens. 81

DES CHAPITRES.

CHAPITRE VIII.

Des autres sources où le Cœur peut puiser des instructions. 90

CHAPITRE IX.

Détail plus particulier de l'utilité de l'histoire pour le Cœur. 102

CHAPITRE X.

Des exemples de vertu qu'on peut tirer de l'histoire. 109

CHAPITRE XI.

De la lecture des Livres moraux, tant en Prose qu'en Vers. 129

TABLE

TROISIEME PARTIE.

LE DISCERNEMENT

CHAPITRE PREMIER.

De l'inutilité des Sciences sans la vertu. 141

CHAPITRE II.

De la Philosophie par rapport au cœur. 155

CHAPITRE III.

Preuves morales de la Religion. 167

CHAPITRE IV.

Fondement de la Morale. 191

DES CHAPITRES.

CHAPITRE V.

De la Préfomption. 200

CHAPITRE VI.

De la prévention du cœur. Combien elle aveugle les hommes sur leurs véritables intérêts.
209

CHAPITRE VII.

Caracteres généraux du Cœur selon le naturel, selon l'habitude & les vicissitudes de la vie.
220

TABLE

QUATRIEME PARTIE.

L'EXPERIENCE.

CHAPITRE PREMIER.

Ce qu'on doit faire observer à un jeune homme qu'on introduit dans le monde. 237

CHAPITRE II.

De la politesse & du choix des amis. 254

CHAPITRE III.

De la société avec les femmes. 267

CHAPITRE IV.

Conduite prudente d'un honnête

DES CHAPITRES.

homme dans les affaires & avec les autres hommes. 279

CHAPITRE V.

Maximes de prudence qu'il faut observer avec le commun des hommes. 920

CHAPITRE VI.

Maximes de prudence pour les affaires. 300

Conclusion de cet Essai. 309

Fin de la Table des Chapitres.

APPROBATION.

J'Ai lu par ordre de Monseigneur le Chancelier un manuscrit intitulé, *Essai sur le Cœur Humain*, où je n'ai rien trouvé de contraire à la foi & aux mœurs, ce 20 Janvier 1745.

J. TAMPONNET,
Docteur & Syndic de la Faculté de Théologie de Paris.

PRIVILEGE DU ROY.

LOUIS, par la grace de Dieu, Roi de France & de Navarre: A nos améz & feaux Conseillers, les gens tenans nos Cours de Parlement, Maîtres des Requêtes ordinaires de notre Hôtel, Grand Conseil, Prevôt de Paris, Baillifs, Sénéchaux, leurs Lieutenans Civils, & autres nos Justiciers qu'il appartiendra, SALUT: Notre bien amé CHARLES JEAN-BAPTISTE DELESPINE, notre Imprimeur ordinaire, Nous a fait exposer qu'il désireroit imprimer & donner au Public un Ouvrage qui a pour titre: *Essai sur le Cœur Humain*; s'il Nous plaisoit de lui accorder nos Lettres de Privilege pour ce nécessaires. A CES CAUSES, Voulant favorablement traiter l'Exposant: Nous lui avons permis & permettons par ces Presentes, d'imprimer ou faire imprimer l'Ouvrage ci-dessus, en un ou plusieurs Volumes, & autant de fois que bon lui semblera, & de le vendre, faire vendre & débiter par tout notre Roïaume, pendant le tems de *six années* consécutives, à compter du jour de la datte defdites Préfentes : Faifons défenfes à toutes fortes de perfonnes, de quelque qualité & condition qu'elles foient, d'en introduire d'impreffion étrangere dans aucun lieu de notre obéïffance ; comme auffi à tous Libraires, Imprimeurs & autres, d'imprimer, faire imprimer, vendre, faire vendre, ni contrefaire ledit Ouvrage, ni d'en faire aucuns extraits, fous quelque prétexte que ce foit, d'augmentation ou correction, changement ou autres, fans la permiffion expreffe & par écrit dudit Expofant, ou de ceux qui auront droit de lui, à peine de confifcation des Exemplaires contrefaits, & de trois mille livres d'amende contre chacun des contrevenans, dont un tiers à Nous, un tiers à l'Hôtel-Dieu de Paris, & l'autre tiers audit Sieur Expofant, ou à celui qui aura droit de lui, & de tous dépens, dommages & intérêts ; à la charge que ces Préfentes feront enregiftrées tout au long fur le Regiftre de la Communauté des Libraires & Imprimeurs de Paris, dans trois mois de la datte d'icelles, que l'impreffion dudit Ouvrage fera faite dans notre Roïaume, & non ailleurs ; en bon papier & beaux caracteres, conformément à la feuille imprimée & attaphée pour modele sous le contre-scel desdites présentes, que l'Impétrant se conformera en tout aux Réglemens de la Librairie, & notamment à celui du 10. Avril 1725. qu'avant que de les exposer en vente, le Manuscrit ou imprimé qui aura servi de Copie à l'impression dudit Ouvrage, sera remis dans le même état où l'Approbation y aura été donnée, ès mains de notre très-cher & féal Chevalier, le sieur Daguesseau, Chancelier de France, Commandeur de nos Ordres ; & qu'il en sera ensuite remis deux Exemplaires dans notre Bibliotheque publique, un dans celle de notre Château du Louvre, & un dans celle de notre très-cher & féal Chevalier, le sieur Daguesseau, Chancelier de France, Commandeur de nos Ordres, le tout à peine de nullité des Présentes, du contenu desquelles vous mandons & enjoignons de faire jouir ledit Exposant, & ses ayant cause pleinement & paisiblement, sans souffrir qu'il leur soit fait aucun trouble ou empêchement; Voulons que la Copie desdites Presentes, qui sera imprimée tout au long au commencement ou à la fin dudit Ouvrage, soit tenuë pour dûement signifiée, & qu'aux copies collationneées par l'un de nos amez & feaux Conseillers & Secretaires, foi soit ajoutée comme à l'Original. Commandons au premier notre Huissier ou Sergent sur ce requis de faire pour l'exécution d'icelles, tous actes requis & necessaires, sans demander autre permission, & nonobstant Clameur de Haro, Chartre Normande, & Lettres à ce contraires : CAR tel est notre plaisir, DONNÉ à Versailles le vingt-troisiéme jour de Janvier, l'an de Grace mil sept cent quarante-cinq, & de notre Regne le trentiéme. Par le Roi, en son Conseil.

Signé SAINSON.

Regiſtré ſur le Regiſtre 11. *de la Chambre Royale & Syndicale des Libraires & Imprimeurs de Paris*, N. 412. fol. 352. *conformément aux anciens Reglemens confirmés par celui du* 28. *Février* 1723. *A Paris, le* 28. *Avril* 1745.

VINCENT, Syndic.

AVERTISSEMENT.

ON a laissé glisser dans cet Ouvrage une transposition qu'il n'a pas été possible de rétablir, parcequ'on ne s'en est apperçu qu'après l'impression entiere du Livre, page 228. ligne 22. prenez l'article qui commence par ces mots Tous les hommes sont en mouvement, &c. qui va jusqu'à la page 231. & le transportez à la fin de la page 219. en ajoutant à la tête de cet article Enfin pour réunir dans un seul point de vue tout ce que nous venons de dire, tous les hommes, &c.

ESSAI

ESSAI
SUR
LE CŒUR HUMAIN,
OU
PRINCIPES NATURELS
DE
L'ÉDUCATION.
I. PARTIE.

LES PASSIONS EN GENERAL.

CHAPITRE PREMIER.
Idée générale du Cœur.

L'HOMME est créé pour le *Bonheur*. Je n'en veux d'autre preuve que l'empressement avec lequel il recher-

Destination de l'homme.

A

che son *Bien-être* dans la possession des biens où il pense le trouver. Il n'est sensible que par ce qu'il peut être heureux; & il n'est raisonnable que parce qu'il est sensible.

Quelques Auteurs prétendent que l'Homme peut cesser de penser. Si cela est; ce ne peut être jamais que lorsqu'il cesse de sentir. Quand même aucun objet extérieur ne le fraperoit, son essence l'affecteroit toujours intimement. L'Ame y est éternellement attentive, & quoiqu'elle ne démêle que confusément les parties de cette essence, il lui seroit aussi facile de s'anéantir elle-même que de se refuser à cette attention. Descartes dit: *Je pense; donc je suis.* La conclusion seroit immédiate, s'il disoit: *je sens; donc je suis.*

On pourroit d'abord considérer l'Ame comme une substance indépendante, qui se suffit à elle-même & qui est dans un flux & reflux continuel d'attention sur sa propre nature & sur l'impression que font en elle toutes ses puissances, sans autres affections étrangeres. La voilà réduite au seul *sens intime* & dans une parfaite tranquillité. L'*intelligence* & la *volonté* sont, pour ainsi dire, confondues : car ces deux puissances faites pour agir au dehors, ne se distinguent bien que lorsqu'elles agissent séparément.

<small>Etat de l'Ame séparée du corps.</small>

Considérons ensuite l'Ame unie à un corps organisé. Dans cet état, elle partage son attention entre les objets extérieurs qu'elle aperçoit, & ceux qui l'affectent intérieurement ; ou bien elle est toute entiere appliquée à considérer les uns & les autres : alors son indifférence ne subsiste plus.

<small>L'Ame unie au corps.</small>

Si le sentiment occasionné par une cause étrangere est d'accord avec le *sens intime*, il est plus ou moins agréable à l'Ame, suivant les différens dégrés harmoniques de leurs rapports. Si au contraire le sentiment *extérieur* trouble l'*intérieur*, notre Ame est plus ou moins inquiéte. Alors ses deux puissances s'emparent chacune de leur domaine. L'*intelligence* veille à la conservation de notre être : la *volonté* attaque & repousse l'ennemi : l'une cherche le bien ; l'autre s'en met en possession : l'une conseille ; l'autre détermine. Celle-ci est un poids qui fait agir l'Ame avec différens dégrés de force ; celle-là en régle la mécanique. Tel est l'*Esprit*; tel est le *Cœur*.

{Les deux puissances de l'Ame, & leurs fonctions.}

L'Auteur de cette admirable harmonie a voulu que nous nous aimassions nous-mêmes. C'est pourquoi en créant notre Ame

{L'amour propre.}

avec toutes ses puissances, il a fait que le sentiment de son existence fût un bien pour elle, mais un bien susceptible de plus ou de moins, & il a attaché du plaisir à tout ce qui peut en rendre le sentiment plus vif. Ainsi, dit un Auteur, le plaisir fait que nous aimons notre existence, parce que ce plaisir ne peut subsister sans elle.

L'amour de nous-mêmes est donc ce mobile général qui nous pousse vers le bien ; & les passions dont il est la source prennent leur nom des dégrés de force qui nous en approchent ou nous en éloignent.

Il est le premier mobile du Cœur.

Qu'est-ce donc que notre Cœur ? C'est *l'amour de notre être*. Les différens dégrés de *plaisir* & de *douleur* dont il est susceptible font son étendue. C'est une mer battue de mille vents contraires : c'est un Protée qui prend autant de formes qu'il a d'intérêts différens.

Effets de l'union de l'Ame au corps. L'union de notre Ame à un corps, l'expose au milieu d'une foule d'objets dont les sens lui transmettent l'impression. Ce n'est presque jamais que par eux qu'elle agit en cette vie. Si les mouvemens de ses organes agissent sur son intelligence, l'*esprit* est frapé; s'ils font impression sur la volonté, le *cœur* se meut : c'est *La perception. Le sentiment.* *perception* dans l'un, & *sentiment* dans l'autre.

C'est ici le commencement de leur carrière, & le point où nous devons nous arrêter pour considérer à loisir les dégrés successifs de leurs mouvemens parallèles.

CHAPITRE II.

Cause générale & variété des mouvemens du Cœur.

Notre Cœur est un feu qui languit quand les alimens lui manquent : il cherche alors à reprendre sa premiere vigueur en s'attachant à tout ce qui peut l'entretenir. Son activité le porte vers le *bien* ou l'éloigne du *mal*. Si cette activité est occupée à la poursuite du bien, on l'appelle *Amour* : si elle est employée à la fuite du mal, c'est la *Haine*. Tant que l'*Amour* n'atteint point à son but, ses premiers mouvemens s'appellent *Desirs* : s'il se flatte de parvenir à la possession du bien qu'il recherche, c'est l'*Espérance* : s'il envisage les obstacles, c'est la *Crainte* : n'y peut-il parvenir,

Activité du Cœur.

Quel est le but de ses mouvemens, ou passions.

De quelle maniere les passions y sont excitées.

c'est la *Tristesse*, & quelquefois le *Desespoir*: y est-il parvenu, c'est *Félicité* ou *Joie*: vient-il à perdre ce bien après en avoir joui, c'est *Regret* ou *Tristesse*.

Il en est de même de la *Haine*. D'abord ce n'est qu'une simple *Aversion* ou un mouvement pour s'éloigner du mal: elle devient successivement *Espérance*, *Crainte*, *Tristesse*, *Desespoir*, suivant que l'Ame aperçoit la possibilité, ou la difficulté, ou l'impossibilité d'éviter ce mal: si elle est forcée de le souffrir, c'est encore *Tristesse*, ou *Desespoir* lorsqu'elle y succombe: enfin, si elle s'en garantit, ou si, après l'avoir enduré, elle en est délivrée, elle est dans la *Joie*. C'est dans ce sens qu'Enée, pour relever le courage de ses compagnons, leur dit.....

Forsan & hæc olim meminisse juvabit.
Durate, & vosmet rebus servate secundis.
Virg. Æneid. L. 1. *v.* 208.

L'Amour est le principe de toutes les passions : elles lui sont subordonnées; ou plutôt elles ne sont autre chose que ce même amour diversifié par les circonstances différentes qui accompagnent le bien qu'il poursuit. La *Haine* qui lui paroît si opposée, n'est qu'un *Amour réfléchi* : un objet n'est un mal & n'excite la Haine que parce qu'il est opposé à un bien que l'Amour recherche ; je ne hais la maladie que parce que j'aime la santé. De-là vient que ces deux mobiles si différens au dehors par leurs effets, font naître dans le cœur, comme nous l'avons déja remarqué, les mêmes passions subalternes, telles que l'*Espérance*, la *Crainte*, la *Joie*, la *Tristesse*, & le *Desespoir*.

Il faut donc dire, pour parler dans l'exacte vérité, que l'Amour est l'unique Passion. Les noms

L'Amour est la source des autres Passions, ou plutôt c'est l'unique Passion.

particuliers, que les Philosophes ont donnés aux divers mouvemens qu'il excite dans le Cœur, n'ont été introduits que pour distinguer les dégrés de véhémence dont il est susceptible, & les différentes formes qu'il prend suivant les circonstances. Les Passions *subalternes*, que ces noms expriment, sont autant de ruisseaux qui dérivent de cette source féconde.

Le Cœur n'est jamais sans Passion. Le Cœur est toujours plus ou moins agité par quelqu'une de ces Passions *subordonnées*; parce qu'il ne peut jamais être sans *Amour*. En effet, ou il cherche à rentrer dans sa tranquillité en éloignant le mal qui l'a troublée, ou bien il tâche d'en rendre le sentiment plus vif en s'assurant la possession du bien qui la lui procure, & en écartant tout ce qui pourroit la traverser.

Expliquons ceci un peu plus

en détail. Notre nature nous laisse toujours sentir qu'il nous manque quelque chose. Nous appellerons ce sentiment *Inquiétude*. S'il se présente à notre Ame un objet capable de calmer cette inquiétude, cet objet la distrait de son trouble & devient pour elle un *bien positif*; son premier sentiment est, comme nous l'avons dit, *Desir*, *Espérance* : Si nous la considérons privée de cet objet; cette privation est un *mal négatif*, & l'inquiétude qu'elle cause est *Regret*, *Tristesse*, *Desespoir*. Si au contraire un objet trouble sa tranquillité, c'est un *mal positif*; son premier mouvement est *Aversion* & successivement *Haine* ; un mouvement plus impétueux, *Colere*, *Fureur* : Si nous pouvons éloigner ce *mal positif*, quand nous en sommes délivrés, nous jouissons *d'un bien négatif*.

Sa capacité ne peut être remplie.

Effets du vuide du Cœur.

Bien & mal positifs & négatifs.

Plaisir & Douleur positifs & négatifs.

Comme le bien & le mal ne sont tels que par le plaisir ou par la douleur qu'ils excitent dans l'Ame, il y a aussi plaisir & douleur *positifs* & *négatifs*. La possession actuelle d'un bien, fait naître un *plaisir positif*; la délivrance d'un mal donne un *plaisir négatif*: de même le sentiment d'un mal présent cause une *douleur positive*; & la privation d'un bien devient une *douleur négative*.

Plaisir & Douleur spirituels & corporels.

Il faut bien prendre garde de confondre l'idée générale de plaisir ou de douleur avec deux autres idées particuliéres de plaisir & de douleur. L'un & l'autre sont ou spirituels ou corporels: Et pour les exprimer par des termes qui les distinguent, toute sensation agréable excitée dans l'Ame par les sens, s'appellera *volupté* & le contraire, *douleur*. La considération de quelques idées compléxes qui plaisent à l'Ame ou qui lui déplaisent, & qui la rendent *vel benè vel malè sibi conscia*, sera *Joie* ou *Tristesse*.

Pour réunir en peu de mots ce que nous venons de dire dans ce chapitre; disons que le sentiment est la premiere impression de l'objet : cette impression reçue, fait naître le *Desir* ou l'*Aversion* : le *Desir* fait tendre notre Ame vers le bien proposé ; l'*Aversion* lui fait fuir le mal qu'elle redoute. Ce sont les différens dégrés de véhémence ou de force de ces deux mouvemens, & les divers moyens que nous employons pour arriver au but, qui forment la variété des passions.

Voilà ce qui est commun à tous les hommes. Voyons comment ces choses se diversifient en chacun de nous.

CHAPITRE III.

Diverſité du Cœur dans chaque homme. Du naturel & de l'habitude.

<small>En quoi les hommes différent.</small>
<small>Le naturel.</small>

LEs hommes différent par *le naturel* & par *l'habitude*. Le premier eſt un effet des diſpoſitions *organiques*, qui naiſſent avec nous & ſe fortifient par l'âge quand il n'y arrive aucun changement. L'autre s'acquiert par la fréquentation des objets & par des actes réitérés ; c'eſt elle qui reforme ordinairement le premier.

<small>L'habitude.</small>

<small>Le ſentiment.</small>

Le *ſentiment* eſt le premier mobile du cœur : c'eſt de l'impreſſion que font ſur lui les objets que les paſſions prennent, pour ainſi dire, leurs couleurs & leurs nuances : mais c'eſt du *naturel* qu'elles empruntent leur activité plus ou moins grande.

Ce que nous avons dit de l'Esprit, au commencement de la premiere Partie, peut s'appliquer ici au Cœur. Les différens dégrés de délicatesse & par conséquent de sensibilité des organes, les objets extérieurs qui font différentes impressions sur nous, en un mot, les mêmes causes intérieures & extérieures qui font varier les esprits, diversifient aussi les cœurs, dans lesquels le sentiment vif ou languissant, produit des passions plus ou moins agissantes. Les trois caractéres généraux de l'esprit, que nous avons établis comme des points fixes auxquels on peut rapporter tous les autres caracteres particuliers, peuvent servir aussi à fixer & à déterminer la prodigieuse variété qui se trouve dans les cœurs, comme dans les esprits.

Les mêmes causes, qui diversifient les esprits, diversifient les cœurs.

Je ne répéterai pas ici ce que j'ai dit des autres causes de ces caracteres; telles que les qualités Physiques des humeurs qui agissent sur les organes, & le climat qui rend chaque peuple si différent des autres, & qui fait distinguer le François, par sa vivacité; l'Anglois, par son phlegme; l'Espagnol, par sa gravité; le Hollandois, par son activité; l'Italien, par sa prudence; enfin certains peuples d'Asie, par leurs airs empesés & mystérieux. J'observerai seulement que, quoiqu'en chaque pays on trouve des caracteres bien différens de ceux du gros de la nation, il est cependant vrai en général, que chaque peuple a certains airs & certaines façons d'agir toutes particuliéres, qui sont des effets de la température de l'air qui agit sur les humeurs & sur les organes.

Je crois qu'il suffit, pour le présent, de faire voir en peu de mots la correspondance des caracteres de l'esprit & du cœur ; réservant à parler dans la 3ᵉ. Partie de cet ouvrage, de leurs façons particuliéres d'agir.

Il faut toujours se souvenir que, quoique ces deux parties de nous-mêmes varient à l'infini dans les *individus*, cette variété se peut réduire aux mêmes chefs. L'esprit *vif* aura plus de vivacité de sentimens : l'esprit *modéré* tiendra un juste milieu : l'esprit *lent* plus difficile à émouvoir, sera d'un naturel plus phlegmatique & plus indifférent. Les dégrés qui se trouveront entre ces trois caracteres généraux en formeront d'autres particuliers, qui auront rapport chacun à l'un de ces caracteres primitifs. Par exemple, l'esprit *faux & inconsidéré*, livrera son cœur à toûtes

Caracteres généraux de l'esprit & du cœur.

les folles passions & à tous leurs excès : l'esprit *à talent* sera plus sensible à ce qu'elles ont de flatteur & de délicat : l'esprit *moderé* en usera avec goût & avec discernement : l'esprit *profond* sera sage, & modéré dans ses plaisirs : l'esprit *lent* sera susceptible de tous les sentimens conformes à son tempérament, plus prudent, plus indifférent, plus grave que les autres : enfin le *stupide* sera sujet à toutes les passions que le sensible grossier pourra seul faire naître en lui.

Voilà quel est le fond du naturel qui différencie les hommes par le cœur. Voyons les effets de *l'habitude*, des *circonstances* & des *vicissitudes* de notre vie.

Nous observerons d'abord que l'union du cœur & de l'esprit fait que l'un conseille en Philosophe qui argumente ; l'autre à son tour persuade & entraîne son guide en Orateur séduisant. C'est selon que les objets qui les affectent l'un ou l'autre ont de pouvoir sur eux.

Tous les hommes n'ont pas précisément la même idée d'une chose non plus que le même sentiment : parce qu'un objet peut être apperçu par différens côtés & faire des impressions différentes, rélativement à la différence qui se trouve dans les humeurs & dans la disposition naturelle des organes, ou dans le pli que l'habitude leur a fait prendre. Tous les hommes, par exemple, n'envisagent pas du même côté les biens de cette vie : tous y tendent ; tous cherchent à se rendre heureux, mais par des voies différentes. La Providence le veut ainsi pour le bien général : quelle confusion en effet, si tous couroient en foule vers le même but ! Le pauvre a d'autres idées

Les hommes n'ont pas les mêmes idées des choses, ni les mêmes désirs.

des richesses, que celui qui les posséde : il les voit dans un trop grand éloignement pour essayer d'y atteindre : uniquement occupé du nécessaire, il ne porte pas ses vues au-delà de ses besoins, ni ses désirs au-delà de ses connoissances : le négoce donne d'autres idées d'intérêt que les armes; le roturier n'aspire point aux mêmes honneurs que le noble : les uns & les autres ont divers sentimens sur bien des choses. Enfin tous les hommes différent par les habitudes du cœur comme par celles de l'esprit. La *science*, l'*opinion* & l'*erreur*, jointes au *vice* ou à la *vertu*, produisent dans les caracteres des hommes une variété infinie.

Habitudes du cœur.

Tant que le cœur suit les lumieres d'un esprit qui n'est point prévenu & qu'il en écoute constamment les leçons, son habitude est la *vertu*; le contraire est le *vice*.

Le vice & la vertu peuvent être considérés d'abord comme des qualités *Physiques* & non *morales*, qui rendent le cœur susceptible de bonnes ou de mauvaises impressions, & qui forment seulement des *habitudes Physiques*. Si on les considére par rapport au moral; ce sont des habitudes du cœur qui portent l'homme à des actions conformes ou contraires à l'ordre établi dans la nature ou dans la société. En un mot tant que l'homme agit d'une maniere digne de l'excellence de sa nature, & conséquemment aux principes naturels d'équité que la raison lui fait connoître, tant qu'il ne rompt point les liens qui l'attachent aux autres hommes, il est *vertueux* : il devient au contraire *vicieux* lorsqu'il se dégra-

Le vice & la vertu dans le Physique.

Dans le Moral.

de en n'écoutant que les conseils des passions déréglées, & lorsqu'il sépare ses intérêts particuliers des intérêts généraux de la société dont il est membre & pour laquelle il est né.

Ce qui forme les habitudes. Les habitudes se forment donc en nous par les dispositions Physiques du tempérament & par la fréquentation des objets extérieurs. Quand ces objets s'accordent avec les humeurs, le naturel ne change point ; mais il s'altére quand il est forcé lui-même de s'accommoder aux tems & aux circonstances de cette vie.

Le tems, qui change tout, change aussi nos humeurs :
Chaque âge a ses plaisirs, son esprit & ses mœurs.
Boil.au. Art. Poët.

La place qu'occupe chaque homme dans la société, peut donc forcer le tempérament &

lui faire contracter des habitudes opposées à celles qu'il auroit eues, s'il eût été abandonné à lui-même; parce qu'il se conforme ordinairement aux mœurs de ceux avec qui il est lié par quelque intérêt, à moins que le naturel n'ait assez de force pour reprendre toujours le dessus, ou qu'il ne soit que foiblement combattu.

Reprenons ce que nous venons de dire. Il y a des inclinations de tempérament qui dépendent des dispositions organiques de notre corps; & des qualités Physiques des humeurs qui agissent sur les organes d'une maniére proportionnée à leur nature & à leur quantité: ce qui fait qu'un objet plaît aux uns, tandis qu'il occasionne dans les autres un sentiment désagréable. Il y a des inclinations d'âge qui changent avec lui. Nous n'aimons pas

Récapitulation.

ordinairement (*a*) dans la vieillesse ce qui faisoit les délices d'un âge florissant : ce qui vient de l'altération que le tems apporte dans les organes. Cependant les habitudes contractées ne se perdent point entiérement quoique

(*a*) Un jeune homme toujours bouillant dans ses caprices
Est promt à recevoir l'impression des vices,
Est vain dans ses discours, volage en ses désirs,
Rétif à la censure & fou dans les plaisirs.
 L'âge viril plus mûr inspire un air plus sage
Se pousse auprès des Grands, s'intrigue, se ménage ;
Contre les coups du sort songe à se maintenir,
Et loin dans le présent regarde l'avenir.
 La vieillesse chagrine incessamment amasse,
Garde, non pas pour soi, les trésors qu'elle entasse,
Marche en tous ses desseins d'un pas lent & glacé,
Toujours plaint le présent, & vante le passé :
Inhabile aux plaisirs dont la jeunesse abuse
Blâme en eux les douceurs que l'âge lui refuse...
    Boileau. Art. Poët. ch. 3.

les

les années en ayent ralenti l'éxercice. Il y a des habitudes de *condition* & de *profession* : c'est ce que nous avons appelé *l'esprit de l'état*, qui dépend de la place que nous occupons dans le monde & des objets qui nous environnent.

Nous allons exposer d'abord ce que doit faire l'éducation, pour redresser les défauts du tempérament & modérer de bonne-heure l'activité des passions. Nous dirons ensuite comment elle doit faire envisager les objets de nos desirs, pour nous guider vers eux par le vrai, & pour ne faire naître dans notre cœur que des mouvemens légitimes. Enfin nous proposerons les moyens qu'elle peut employer pour confirmer par l'expérience les bonnes habitudes qu'elle aura fait prendre par pratique & par spéculation.

CHAPITRE IV.

Quel est le but de l'Education.

L'homme a des défauts, parce que le sentiment l'emporte sur la raison.

L'Empire du sentiment & celui de la raison devroient être égaux. Mais puisqu'il est vrai, comme tous les hommes l'éprouvent, que la volonté s'est rendue maîtresse du gouvernement; la raison sa compagne, avilie par l'esclavage, est devenue un guide peu prudent, dont la volonté n'écoute presque plus les conseils que lorsqu'ils sont conformes à ses inclinations corrompues, & qu'elle force souvent d'applaudir à ses égaremens.

Loin que la Raison nous éclaire
Et conduise nos actions,
Nous avons trouvé l'art d'en faire
L'Orateur de nos passions :
C'est un Sophiste qui nous joue,
Un vil complaisant qui se loue

> A tous les fous de l'Univers,
> Qui s'habillant du nom de sages
> La tiennent sans cesse à leurs gages
> Pour authoriser leurs travers.
>
> Rousseau

L'homme a donc des défauts. L'Etre suprême l'a permis : sa sagesse infinie tire le bien du mal, comme elle tire l'Etre du néant ; & le mauvais usage que les créatures intelligentes font de leur liberté, n'apporte aucun obstacle au but souverainement parfait qu'elle s'est proposé. Sans rechercher comment elle le fait ailleurs que dans ce que cette même sagesse nous en a dit : sans nous arrêter à gémir sur le sort malheureux des hommes, comme fait le *Pédant*, dans la Fontaine ; rassemblons les débris de son naufrage, pour le mettre à l'abri de la tempête ; écartons, s'il est possible, les nuages qui obscurciroient sa raison, ou faisons du moins ensorte que le cœur en suive ordinairement les avis. Quand nous aurons dissipé les préjugés qui nous font courir après de faux biens, le cœur se portera vers les solides.

Origine des passions.
Quelles sont leurs justes bornes.

Nos passions naissent de nos nécessités : en cela rien que de légitime. Tant qu'elles ne rompent point les liens qui unissent les hommes, tout est dans l'ordre. Mais lorsqu'elles passent ces bornes, elles font naître des vices qu'il faut réprimer; & comme il est fort difficile d'en venir à bout, lorsqu'ils ont fait du progrès; le parti le plus sûr & le plus sage, est de les prévenir de bonne heure.

Principiis obsta, serò medicina paratur,
Cùm mala per longas convaluere moras.
O. id. de Remed v. 1.

Le but de l'Education est de corriger ou de prévenir les défauts.

Pour cet effet, l'Education doit fournir les moyens de contrebalancer le poids du sentiment par les lumieres de la raison. Mais cette raison approche-t-elle jamais du juste équilibre ? Non : sans le secours du Créateur, elle ne peut atteindre à ce point qui fait la véritable vertu. Il suffit que l'Education nous habitue à penser que nos propres intérêts sont de travailler à ceux de la société : par-là elle corrige ou affoiblit tous les vices qui sont contraires à cette société. C'est à la Religion à perfectionner l'ouvrage & à épurer les motifs.

Idée générale des moyens qu'elle emploie.

Venons aux moyens que doit employer l'Education pour parvenir au but dont nous venons de parler.

A mesure qu'elle corrige les défauts de l'esprit, elle doit réformer ceux du cœur : en chassant les ténèbres de l'un, elle dissipe les illusions de l'autre. Pour cela elle prend l'homme dès sa plus tendre enfance, & le conduit pas-à-pas d'objets en objets sans presque lui rien dire : elle les lui présente sous différentes faces, les rapproche de lui quand ils sont trop éloignés, & en écarte les fausses apparences. Le sentiment suffit alors pour l'avertir de ce qui est bon ou mauvais. Lorsqu'il est devenu capable de réflexion, elle lui apprend à faire choix & successivement usage de ces objets.

Ils doivent être pris dans la nature même du cœur.

Les premiers moyens qu'emploie l'Education pour former le cœur, doivent être pris de sa nature même. Il faut en épier tous les mouvemens, réprimer ceux qui sont déréglés, y en exciter de vertueux ; & cela par sentiment. Les premieres idées de morale qui sont propres à régler les actions ordinaires d'une vie privée se gravent dans le cœur par les fréquens exemples ;

à peu près comme les idées communes qui sont propres à l'esprit, s'acquierent par les sens. Les notions de morale plus relevées, qu'on appelle *grands sentimens*, sont comme les idées scientifiques, qui s'acquierent par étude & que nous ne pouvons avoir sans des secours étrangers. C'est l'instruction qui les donne. Cette instruction parlant à l'esprit & en même tems au cœur, doit suivre le même ordre pour l'un & pour l'autre : elle doit, comme nous avons dit, fraper l'imagination par la peinture de tout ce qui est le plus capable de la remuer. L'Histoire est remplie d'images propres à produire cet effet. Le jugement développé par l'âge & dirigé par l'instruction, en apprenant à discerner le vrai du faux, & le bien du mal, sert à régler les mouvemens du cœur : car il y a une parfaite uniformité dans les opérations de l'un & de l'autre : la mécanique est précisément la même ; c'est une roue qui engraine sur l'autre.

Voici donc en peu de mots ce que fait une bonne Education.

1°. En réglant l'imagination & le sentiment, elle forme ou redresse les inclinations du cœur.

2°. En travaillant à rectifier le jugement, elle le rend capable de discerner le vrai du faux, & le bien du mal, & par conséquent de faire bon usage des passions.

3°. En donnant à un jeune homme une expérience anticipée, elle lui apprend à se conduire dans le monde avec prudence & en homme de probité.

Nous allons expliquer en détail tous ces moyens dans les Parties suivantes.

SUR LE CŒUR HUMAIN. 55

PRATIQUE
D'ÉDUCATION
POUR
LE CŒUR.
SECONDE PARTIE.

LE SENTIMENT.

CHAPITRE PREMIER.

Caractere général de l'enfance.

LE caractere de l'enfance est de n'en avoir aucun; parce que n'ayant point contracté d'habitudes, elle n'a

Indifférence & légéreté des enfans.

B v

point encore de passion dominante. Cet âge novice dans le monde voit d'abord tout d'un œil indifférent. Un objet le choque, il le fuit sans un plus long examen; un autre lui plaît, il le recherche, mais il n'y est pas lon-tems attaché. Un enfant vole d'objets en objets; il passe rapidement du plaisir au dégoût, du desir à l'aversion; il aime, il hait aussi subitement, qu'il veut & cesse de vouloir. « Les enfans,
» dit la Bruyere, sont hautains,
» dédaigneux, coleres, envieux,
» curieux, intéressés, volages,
» timides, intempérans, men-
» teurs, dissimulés; ils rient, ils
» pleurent facilement; ils ont des
» joies immodérées, des afflic-
» tions ameres, sur de légers su-
» jets; ils ne veulent point souf-
» frir de mal, ils aiment à en fai-
» re : ils sont déja hommes. »
Mais pour avoir successivement

presque tous les défauts, ils n'en ont aucun constamment. L'Ame à cet âge ne sait encore à quoi se déterminer ; elle n'est pas capable de faire choix : elle cherche le bien d'objets en objets, sans s'attacher à aucun. En un mot, par son inconstance, elle cherche une situation constante.

Un étranger nouvellement arrivé dans un pays en étudie les mœurs & les coutumes : incertain de ce qu'il doit faire, il s'y conforme par imitation. Il en est de même des enfans : ils font tout par copie. Habiles Comédiens, si on leur présente le ridicule, ils l'imitent aussi-tôt & s'acquittent parfaitement du personnage : si, par un excès opposé, on fait paroître un sérieux trop austere, ils le contrefont par hypocrisie. Si on leur en impose sur des bagatelles, ils ne sont pas lon-tems dupes de leur crédu-

Les enfans sont portés à l'imitation.

lité, & quand ils reconnoissent qu'on les a trompés, on perd tout crédit auprès d'eux : si on leur fait un crime d'une faute légere, ils croient dans un autre occasion que c'est par mauvaise humeur qu'on les reprend d'une faute plus considérable, & on en diminue en eux l'opinion. Si les défauts d'esprit sont punis, comme ceux du cœur, les erreurs comme les fautes morales, ils les confondent aisément, & n'estiment pas les dernieres plus grieves que les premieres. Enfin ils croient la pratique des vertus nécessaires à leur âge aussi difficile que l'étude que vous exigez d'eux par force. Voilà de quelle maniere le pédantisme gâte le cœur en gâtant l'esprit, & comme le dégoût des sciences fait naître celui de la vertu.

CHAPITRE II.

Comment il faut corriger les défauts ordinaires de l'enfance.

Tous les vices des enfans viennent de ce qu'ils rapportent tout à eux-mêmes. Leur Ame est toute sentiment, toute attentive à ce qui lui fait plaisir. Ils n'ont point d'idée de la société & la réflexion ne leur en a pas encore fait appercevoir les premieres loix. Tout ce qui les prive d'un léger amusement, tout ce qui les empêche de satisfaire à leurs besoins aussi-tôt qu'ils les sentent, est en guerre avec eux; parce que la délicatesse de leurs organes leur rend insuportable la moindre incommodité. C'est pour cela qu'ils ont des joies

<small>Vivacité du sentiment dans les enfans.</small>

& des tristesses immodérées.

Dans quel tems ils sont susceptibles de correction. Ce n'est que lorsqu'ils commencent à connoître que l'objet de leurs desirs dépend de la volonté d'un autre, que la leur devient fléxible. C'est lorsqu'ils commencent à être susceptibles d'espérance & de crainte (les deux rênes de notre cœur) qu'il faut leur faire sentir, qu'il n'y a aucun bien à espérer des hommes, que par certains ménagemens. Ils le sentent bien-tôt quand on est inexorable à leurs caprices : ils s'apperçoivent alors, quoique confusément, qu'ils ne sont pas les seuls êtres sensibles, & que vous éprouvez les mêmes passions qu'eux. C'est alors, dis-je, qu'ils commencent à sentir cette maxime fondamentale de la société.

Si tu veux qu'on t'épargne, épargne aux les autres ;
 Telle est la loi de l'Univers.
   La Fontaine.

SUR LE CŒUR HUMAIN.

Le sentiment est ce qu'il y a de plus puissant chez les hommes & principalement dans l'enfance. C'est donc par un sentiment plus fort que leurs desirs, qu'on met un frein à leur cupidité. Ce frein est l'*autorité*. Mais si l'on veut qu'elle agisse avec efficacité sur les enfans; il faut qu'elle se fasse sentir plutôt que comprendre. Les longs raisonnemens avec eux l'affoiblissent. Parlez peu pour les reprendre, mais d'une maniere décisive. Il faut qu'ils reconnoissent à votre air que vous pensez plus que vous ne dites. Si vous leur développez votre pensée, ils voyent aussi-tôt tout ce qu'ils ont à craindre; ils méprisent un danger qu'ils reconnoissent moins grand qu'ils ne se l'étoient imaginés.

Il faut reprendre les enfans sur le fait. Une simple interrogation suffit en bien des occasions; point

Il faut contrebalancer la force du sentiment.

Usage qu'on doit faire de l'autorité qu'on a sur eux.

Précautions qu'il faut apporter quand on les reprend.

de morale, ou elle les ennuie, ou leur imagination vive & déréglée la tourne en ridicule. Enfin ils haïssent les raisons quand elles leur servent de châtiment & non d'instruction : peu attentifs à ces leçons désagréables, ils les oublient aussi-tôt. Il suffit qu'un enfant sente qu'il a mal fait, quand vous le reprenez, & que ce n'est point par mauvaise humeur. Une courte instruction morale ne fait jamais impression sur lui, que quand ses petites passions sont tranquiles, & lorsqu'en l'instruisant d'autre chose, on a occasion de lui faire observer ce qu'il y a de honteux ou de criminel dans tel ou tel vice auquel il est sujet ; sans cependant lui faire sentir que c'est à lui personnellement que le discours s'adresse. Il saura bien s'appliquer lui-même en secret ce qui le regardera en particulier. Avec ce ménagement la raison ne lui semblera plus une maîtresse impérieuse & chagrine, mais un bon ami, un conseiller sage & prudent : il se souviendra de ses avis dans les occasions de fait, & il s'accoutumera à les mettre en pratique.

Tels sont en général les premiers apprêts qu'il faut donner à cette cire molle, pour la disposer à recevoir facilement l'impression de la vertu. C'est ainsi qu'il faut corriger ou tempérer les défauts ordinaires de cet âge mobile, sur-tout ceux que le tems pourroit fortifier. Entrons dans un détail plus circonstancié.

Vouloir réformer tous les vices du premier âge, comme de tout autre, ce seroit vouloir changer entierement la nature de l'homme : le Créateur a seul ce pouvoir. Tâchons seulement de faire changer d'objets aux passions; *Détail plus particulier de ce qu'on peut faire pour corriger les enfans.*

pour les rendre ou vertueuses, ou moins violentes. Appliquons cette maxime à quelques exemples. Les enfans règlent leur mépris, ou leur estime pour certaines choses, sur les sentimens que les autres en ont : l'exemple a tout pouvoir sur eux ; & c'est à lui qu'il appartient de faire changer d'objet à leurs passions. Ils sont *hautains* : l'affabilité & la douceur qu'ils apperçoivent dans les autres leur inspirent les mêmes sentiment. Ils sont *envieux* : il faut leur faire sentir en toute occasion qu'il n'y a que le mérite qui soit digne de récompense : il faut domter cette passion farouche, en ne leur laissant d'autre moyen de se rendre agréables, que de s'efforcer de mieux faire que leurs émules. On doit leur faire connoître qu'ils peuvent les égaler & ne point mettre trop de distinction entr'eux, soit par les louanges, soit par d'autres graces; parce que cela les décourage. Ils sont *menteurs*: c'est un effet de leur foiblesse. Leur Ame timide se couvre, pour ainsi dire, de ce bouclier, pour se souftraire au châtiment qu'ils redoutent. Ils faut les punir séverement, lorsqu'ils se servent d'une telle défense; & leur inspirer l'amour de la vérité, soit en leur pardonnant une faute avouée, soit en ne leur imposant qu'une peine bien plus légere que celle qu'ils appréhendoient. Mais on doit sur-tout prendre garde de leur donner jamais l'exemple du mensonge. On prévient ainsi l'habitude honteuse de mentir d'abord pour s'excuser, & ensuite par vanité ou par intérêt; défaut si ordinaire au reste des hommes. Enfin, pour détourner les enfans des bagatelles qui leur inspirent la nonchalance, il faut employer leur curiosité naturelle à quelque chose d'utile & d'agréable.

CHAPITRE III.

Du pouvoir de l'exemple sur les Mœurs.

ON convient généralement que l'exemple influe sur les mœurs plus que toute autre chose : mais malheureusement c'est, pour l'ordinaire, à quoi on pense le moins dans la pratique. « Y a-t-il beaucoup de » peres, dit M. Rollin dans son » excellent Traité des Etudes, » qui sachent jusqu'où l'on doit » porter la retenue & la circonf- » pection en présence des enfans, » ou qui veuillent se gêner jus- » qu'au point de ne jamais tenir

Préface du Tome I. p. 25.

» devant eux aucun discours qui
» puisse former quelque faux
» préjugé dans leur esprit ? Tout
» ne retentit-il pas autour d'eux
» des louanges que l'on donne à
» ceux qui amassent de gros
» biens, qui ont un grand équi-
» page, qui font bonne chere,
» qui sont logés & meublés ma-
» gnifiquement ? Ne se forme-
» t-il pas de tous ces suffrages
» comme un cri public, & une
» voix bien plus dangéreuse que
» celle des Sirenes dont parle la
» Fable, qui après tout n'étoit
» entendue qu'aux environs du
» rocher qu'elles habitoient, au
» lieu que celle-ci se fait enten-
» dre dans toutes les Villes, &
» presque dans toutes les mai-
» sons ? Un mot d'estime ou d'ad-
» miration échappé à un pere sur
» les richesses, suffit pour en al-
» lumer en eux un desir, qui
» croîtra avec l'âge, & ne s'é-

» tendra peut-être jamais. »

On voit tous les jours avec étonnement que des jeunes gens qui, avec des inclinations heureuses, ont eu une excellente éducation, n'en retirent aucun fruit ; & qu'ils sont même plus déréglés que ceux qui n'ont pas eu le même secours. Mais on cesseroit de s'en étonner, si l'on remontoit à la source du mal.

Le mauvais exemple empêche l'effet des Instructions.

On verroit que le mauvais exemple a rendu inutiles les meilleures instructions, & que les parens ont détruit d'une main, ce qu'ils établissoient de l'autre. Ce qu'il y a de plus fâcheux, c'est que la plupart tombent dans cette faute sans s'en appercevoir. On ne connoît pas, pour l'ordinaire, ses défauts ; & par conséquent on n'est point en garde de ce côté-là : ou si on les connoît, on se met peu en peine de les cacher aux yeux des enfans, soit parce qu'on ne veut pas se gêner, soit parce qu'on ne pense pas qu'ils puissent faire impression sur eux dans un âge où ils n'ont pas encore beaucoup de connoissances. Mais on se trompe fort : car c'est précisément parce que leurs connoissances sont bornées, que rien ne se dit, ni ne se fait impunément en leur présence. Leur Ame, ne trouvant pas en soi-même de quoi s'occuper, se répand au dehors & examine tout ce qui l'environne : c'est une glace prête à recevoir l'image de tous les objets qui lui sont présentés ; avec cette différence qu'un miroir ne conserve cette image que tant que l'objet est présent ; au lieu qu'il suffit qu'un enfant en ait été frapé une seule fois, pour que l'impression dure toute la vie.

Rien n'échape aux enfans ; & pourquoi.

Les premieres impressions s'éfacent difficilement.

Mais ce qu'il faut sur-tout

remarquer, c'est que, la corruption naturelle du cœur humain le rendant plus susceptible du mal que du bien, le bon exemple demeurera souvent sans effet, au lieu que le mauvais sera sûrement imité.

Comment les enfans deviennent par le mauvais exemple,
Coleres,

Sur ce principe, un enfant qui vous voit tous les jours vous abandonner aux transports de la colere, souvent pour de très-légers sujets, se corrigera-t-il de ce défaut qu'il a peut-être tiré de vous avec la naissance ? Deviendra-t-il doux & paisible ?

Durs,

Cette dureté, avec laquelle vous traitez des domestiques en sa présence, est-elle bien propre à lui inspirer des sentimens d'humanité ?

Avares ou prodigues,

Ces traits d'une sordide avarice, ou d'une profusion mal entendue, qu'il a continuellement sous les yeux, deviendront-ils pour lui des leçons de libéralité & d'une sage économie ?

Une

Une personne vient vous faire visite: vous l'accablez de caresses, vous lui faites des offres de services; à peine est-elle sortie, que vous en parlez avec mépris; vous allez même jusqu'à déchirer sa réputation, jusqu'à vous entretenir des moyens de lui nuire en abusant de sa confiance: votre fils témoin d'une duplicité si noire & si honteuse, apprendra-t-il de vous à être sincere & bienfaisant ? En un mot, est-il possible que des enfans qui n'entendent parler que de plaisirs, de jeux, de festins, de magnificence dans les habits, dans les meubles, dans les équipages, ne prennent pas goût à toutes ces choses, & ne conçoivent pas au contraire de l'aversion pour le travail & pour tout ce qui peut les empêcher de jouir des plaisirs & des commodités de la vie. De-là viennent ces desirs in-

Fourbes.

Voluptueux, adonnés au luxe & ennemis du travail.

sensés de faire ce qu'on appelle fortune, qui portent souvent ceux, qui en sont possédés, à employer les voies les plus honteuses & les plus criminelles pour y parvenir. C'est ce qu'un de nos Poëtes a fort bien exprimé par ces Vers.

Veux-tu voir tous les Grands à ta porte courir ?
Dit un pere à son fils, dont le poil va fleurir :
Prends-moi le bon parti : laisse là tous les livres.
Cent francs au denier cinq combien font-ils ? Vingt livres.
C'est bien dit. Va, tu sais tout ce qu'il faut savoir.
Que de biens, que d'honneurs sur toi s'en vont pleuvoir !
Exerce-toi, mon fils dans ces hautes sciences ;
Prends, au lieu d'un Platon, le Guidon des Finances :
Sache quelle Province enrichit les Traitans,
Combien le sel au Roi peut fournir tous les ans.
Endurcis-toi le cœur : sois Arabe, Corsaire,
Injuste, violent, sans foi, double, faussaire ;
Ne va point sottement faire le généreux.

SUR LE CŒUR HUMAIN.

Engraisse-toi, mon fils, du suc des malheu-
reux:
Et trompant de Colbert la prudence impor-
tune,
Va par tes cruautés mériter la fortune.
. . . .
. . . .
Quiconque est riche est tout: sans sagesse, il
est sage:
Il a, sans rien savoir, la science en partage:
Il a l'esprit, le cœur, le mérite, le rang,
La vertu, la valeur, la dignité, le sang:
Il est aimé des Grands; il est chéri des Belles;
Jamais Surintendant ne trouva de cruelles.
L'or même à la laideur donne un teint de
beauté;
Mais tout devient afreux avec la pauvreté.
 C'est ainsi qu'à son fils un usurier habile
Trace vers la richesse une route facile:
Et tel souvent y vient qui sait, pour tout
secret,
Cinq & quatre font neuf; ôtez deux, reste sept.
Boileau Sat. VIII. v. 181.

De-là vient enfin cette ardeur effrénée pour le plaisir qui précipite la jeunesse dans les plus grands désordres & la rend incapable de toute occupation sérieuse.

On me dira peut-être que bien des jeunes gens, qui n'ont jamais eu devant les yeux que de bons exemples, ne laissent pas d'être vicieux. Il est vrai: mais si l'inclination naturelle que nous avons au mal ne rend que trop souvent les bons exemples inutiles ; quels ravages, ne doit-elle pas faire, lorsqu'elle se trouve malheureusement fortifiée par le mauvais exemple!

Garantir les enfans des vices & des préjugés qui rendent les hommes malheureux.

On ne peut donc apporter trop de précautions pour éloigner des enfans tout ce qui pourroit donner atteinte à la pureté de leurs mœurs, & pour les garantir de ces préjugés, de ces fausses opinions, dont il est si difficile de se dépouiller, quand on les a succées avec le lait. En travaillant ainsi à les rendre gens de bien, on travaillera en même tems à les rendre heureux. Car, pour le dire en passant, la plupart des peines & des chagrins de cette vie prennent leur source dans l'opinion, & dans les idées fausses que nous avons des biens & des maux.

Je me suis étendu à dessein sur la nécessité du bon exemple, quoique ce soit une vérité reconnue de tout le monde; parce que c'est le point le plus essentiel de l'Education, & cependant le plus négligé. Dans le chapitre suivant, qui a une liaison immédiate avec celui-ci, je traiterai des qualités que doivent avoir les parens ou les maîtres & de la maniere dont ils doivent se comporter avec leurs éléves.

CHAPITRE IV.

Des qualités nécessaires aux parens ou aux Maîtres, & de la maniere dont ils doivent se comporter avec les éleves.

POur former les mœurs des enfans par le bon exemple, voici ce que devroient être les parens & les maîtres; séveres, sans rigueur, sans caprice; graves, sans pédanterie; doux, sans trop de facilité; enjoués avec modération; polis, sans affectation; religieux, sans superstition, savans, sans vanité; désintéressés; sans négligence; éconômes, sans avarice; propres, sans luxe; courageux, sans fanfaronades; complaisans, sans affecterie; enfin, si ce sont des personnes repandues dans ce qu'on appelle le grand monde, galans, sans libertinage. Où trouver de tels modéles dans les parens, & assez d'amour pour leurs enfans, pour prendre eux-mêmes le soin de les élever lorsqu'ils le peuvent. La plupart n'en ont ni la capacité, ni le loisir. Tous s'en reposent sur autrui & sont souvent trompés dans le choix qu'ils font d'un maître, soit parce qu'ils n'y apportent pas assez de précautions, soit parce qu'il est difficile de bien connoître les hommes qui ont l'art de cacher leurs défauts. D'un autre côté ceux qui réunissent en leur personne toutes les qualités nécessaires dédaignent le métier de Précepteur avili chez les gens du commun par l'avarice, chez les grands par le mépris, & décrié d'ailleurs par le grand nombre de gens incapables qui exercent cette profession. Entreprendrai-je

Faute que font les parens dans le choix d'un maître.

Pourquoi il est difficile d'en trouver un bon.

de réformer cet abus ? Non. J'aurois aussi-tôt fait de guérir l'avarice des uns, l'orgueil des autres, & l'ignorance de tous. Je me contenterai donc de dire qu'il faut choisir pour une Education particuliere un homme d'esprit, & sur-tout d'un esprit juste & solide plutôt que brillant. S'il n'a pas toutes les qualités que je viens de rapporter, qu'il ait du moins les plus essentielles, de bonnes mœurs & assez d'art pour cacher à ses élèves de petits défauts.

Qualités essentielles qu'il doit avoir.

Quant à la maniere de se comporter avec eux ; elle doit être uniforme. Il ne doit jamais rien relâcher de sa conduite à leur égard ; de sorte que lorsqu'il leur dit : *faites telle chose*, ils soient persuadés qu'il faut obéir sans réplique, & qu'il est inutile d'employer les prières, qui ne doivent être écoutées que fort

Sa conduite envers les enfans. Elle doit être toujours la même.

rarement. Il faut encore que les enfans ne remarquent en lui ni relâchement, ni négligence. Il ne doit jamais converser avec eux que pour leur instruction : les entretiens doivent être courts, amenés par occasion & ne rouler que sur des choses utiles. Qu'il n'entre dans leurs divertissemens que comme arbitre, & non comme compagnon. Leurs disputes, quand elles sont vives, doivent se terminer par une autorité prompte & décisive, ou par une raillerie, si elles se sont élevées pour une bagatelle. On doit surtout employer ce dernier moyen pour les détourner des niaiseries ordinaires à cet âge : au reste il ne faut point gêner une certaine gaieté vive & ingénue qui est ordinairement une marque d'esprit.

<small>Usage qu'il peut faire de la raillerie.</small>

 Cet âge a un talent particulier pour la raillerie, & pour sentir le ridicule. J'ai vu des enfans spirituels railler avec sel leurs égaux, & contrefaire avec une adresse merveilleuse les faux airs & les maniéres affectées de certaines personnes. Il ne faut point souffrir que leurs plaisanteries aillent au-delà de leurs compagnons, ni même les permettre que rarement & dans les occasions où l'on veut inspirer de la honte & causer quelque légére mortification à ceux qui en sont le sujet. Si la raillerie est trop picquante ou de trop longue durée; on doit l'arrêter tout d'un coup, ou la tourner contre le railleur. Il en faut faire de même, lorsqu'elle tombe sur quelque défaut involontaire du corps ou de l'esprit, plutôt que sur des vices moraux, tels que la vanité dans les habits, l'avarice, le mensonge, la négligence, la paresse, la mal-propreté, la joie ou la tristesse immodérée pour de lé-

Quand & jusqu'à quel point il doit la permettre aux enfans.

gers sujets, &c. Le Maître doit en user quelquefois lui-même : il peut, par exemple, reprendre quelque petite bassesse par un souris moqueur, ou réprimer un léger emportement par un souris sérieux & même irrité. Mais il faut rarement user d'une chose qui ne convient guéres de supérieur à inférieur, qui révolte même ordinairement ce dernier, & cause mille dissentions entre égaux. Si l'on emploie la raillerie ; quelle ne tombe que sur les choses & non sur les personnes. Celle-ci n'offense que rarement : elle fait seulement envisager le vice par son ridicule, & certains objets de la cupidité par ce qu'ils ont de méprisable : elle sert quelquefois à consoler les enfans d'un léger accident qui les afflige & qui est sans reméde ; elle leur apprend à négliger ce qui ne tend qu'à

Le maître peut en user lui-même avec certains ménagemens.

satisfaire la vanité ou l'avarice. C'est par-là qu'on leur inspire dès les premieres années cette noble indifférence, qui épargne bien des afflictions auxquelles sont exposés ceux qui n'ont pas acquis de bonne-heure une certaine fermeté d'âme, dont on a tant d'occasions de faire usage dans le cours de la vie.

<small>Il doit par son exemple inspirer la complaisance, & le désintéressement.</small>

Un exemple que l'on doit donner aux enfans ; c'est celui de certaines complaisances, & sur-tout de désintéressement. Un maître, par exemple, peut faire quelques petites dépenses pour eux. Il ne doit pas épargner ses propres livres, quand il leur voit de l'ardeur pour l'étude. Il seroit à-propos qu'il leur prêtât, en certaines occasions, les instrumens de leur instruction, lorsqu'ils leur manquent. Il les exciteroit par cette complaisance à avoir les mêmes déférences les uns pour les autres. Enfin par une maniere d'agir noble & généreuse, il leur inspireroit les mêmes sentimens.

La sincérité & la fidélité à tenir parole.

Rien n'est plus pernicieux pour les enfans que de les tromper & de manquer à la parole qu'on leur a donnée: il faut au contraire leur donner l'exemple d'une fidélité & d'une sincérité inviolables. J'ai vu un enfant à qui on avoit si bien inculqué cette noble maxime, *un honnête homme n'a que sa parole*, qu'il suffisoit de le faire ressouvenir qu'il avoit promis d'étudier, pour l'exciter à le faire.

Corriger ceux qui aiment à voir punir leurs égaux.

On doit vivement reprendre les enfans du plaisir malin qu'ils ont d'accuser leurs égaux & de les voir punir. C'est une cruauté qu'il faut corriger, en les rappelant toujours à leur propre sentiment par cette réflexion : *seriez-vous bien-aise d'être traité de même.*

Ne point écouter leurs rapports.

Il ne faut point écouter leurs rapports, à moins qu'ils n'ayent pour objet des choses qui méritent une attention particulière : encore est-il nécessaire d'user en cela d'une grande circonspection. Un maître ou un père doit tout voir par ses yeux, & ne jamais leur demander compte de ce que font telles ou telles personnes.

Une conduite opposée leur est très-nuisible.

Rien de plus pernicieux que cette honteuse coutume qui n'est que trop ordinaire. On s'informe de tout aux enfans, & si l'on retire quelque utilité présente de cette basse curiosité, on fait un tort considérable à cet âge qui devient par-là incapable de garder un secret. S'il ne faut rien faire, ni dire en présence des enfans qui soit contraire aux bonnes mœurs ; il faut aussi qu'on puisse agir en sureté devant eux pour toute affaire particulière de famille ou de société qui deman-

Elle les rend indiscrets.

de le secret. En un mot imposez-leur silence, sur tout ce qui ne les regarde pas, & faites-leur de vifs reproches, quand ils les méritent par leur babil. Il est même à-propos, pour les rendre discrets, de leur faire quelque confidence peu importante, & de les faire ensuite questionner, pour les éprouver.

Enfin la complaisance, les égards qu'éxige la politesse leur sont inspirés par ceux qu'on a pour les autres en leur présence, ou pour eux-mêmes. De plus on les avertit sur le champ avec douceur de parole ou par signe, quand ils y manquent. Les ménagemens qu'on doit avoir pour eux, sont la modération à les reprendre des fautes légeres; la liberté qu'on leur laisse de s'expliquer avec respect sur ce qui leur fait peine; l'attention qu'on donne à leur plaintes & à leurs

Le Maître doit agir avec politesse envers ses disciples.

Les reprendre avec douceur & écouter leurs excuses.

excuses quand elles sont justes, en évitant cependant toujours de trop longues discussions. On peut encore ajouter le soin qu'on prend de ménager leur santé. Il est facile de remarquer que les enfans sont beaucoup plus touchés des soins que l'on prend de leur corps, que de ceux qu'on prend de leur esprit. Ils ne connoissent pas encore assez clairement quelle est la plus excellente de ces deux parties de leur être, pour être aussi vivement affectés de ce qui est utile à l'esprit que de ce qui l'est au corps. Dites-leur: *ne prenez pas tel exercice: ne mangez pas de ce mets; cela vous seroit nuisible;* quelque répugnance qu'ils ayent pour ces ordres, qui les privent d'un plaisir dont ils peuvent après tout se passer, ou être dédommagés par un autre, elle est toujours moins grande que celle

Prendre soin de leur santé.

qu'ils ont, quand on leur ordonne de faire ou d'éviter certaines choses, dans la vue de leur procurer un bien moral. En général les enfans sont moins affligés de la privation d'un plaisir, que d'être assujétis à quelque travail. C'est pourquoi ils aiment mieux, pour l'ordinaire une gouvernante même sévere, que leurs maîtres. Si ceux-ci se chargeoient également du soin du corps & de l'esprit, l'un les rendroit absolus sur l'autre; les enfans comprendroient qu'ils leur veulent du bien pour tous deux.

CHAPITRE V.

Comment on doit apprendre la politesse aux enfans.

S'Il est vrai, comme je l'ai déja dit, que rien n'est plus puissant que l'exemple, pour faire impression sur le cœur des enfans; c'est que rien n'est plus facile pour eux que l'imitation. Ils peuvent aussi aisément copier le bon que le mauvais, si l'on fait le leur présenter adroitement, de maniere qu'il leur plaise. Voulez-vous donc qu'ils apprennent à se produire avec décence, à se présenter sans embarras, à s'énoncer avec assurance, à être modestes sans fausse honte, hardis sans effronterie; civils sans cérémonies gênantes & affectées, à savoir se taire

Les enfans deviennent polis par imitation, en voyant le monde.

& parler, entrer & sortir à propos? Ce n'est point par des leçons, ni en leur mettant entre les mains des livres qui traitent de cette matiere, que vous leur apprendrez toutes ces choses. Produisez-les de bonne-heure dans les bonnes compagnies : ils prendront bientôt *par imitation* une teinture des belles manieres, qui rendent un homme aimable dans la société, qui font ce qu'on appelle le *galant-homme*. Si on ne les bannissoit pas ordinairement des cercles, tout ce qu'ils verroient faire d'engageant pour les nouveaux venus, les manieres prévenantes, les égards, les déférences que des gens bien élevés ont les uns pour les autres, l'attention d'un chacun à n'offenser personne, ce qui se pratique de part & d'autre, lorsque la compagnie se sépare, tout cela parleroit aux yeux des enfans,

Ce qu'ils apprennent dans les compagnies.

& les instruiroit d'autant plus efficacement, que ce seroit sans effort de leur part. La souplesse de cet âge mise ainsi à profit, lui donneroit au moins l'extérieur de la politesse ; & il ne resteroit plus, pour les rendre parfaits, qu'à leur inspirer les sentimens qui en font, pour ainsi dire, l'âme, & sans lesquels la politesse n'est que pure grimace. C'est dequoi je parlerai plus au long à la fin de cet Ouvrage.

Autre avantage qu'ils en retirent.

Il y auroit encore un autre avantage à admettre les enfans dans les compagnies. On agite dans les conversations ordinaires des honnêtes gens beaucoup de questions propres à les instruire sans qu'ils s'apperçoivent qu'on en ait dessein. C'est-là qu'ils écoutent volontiers tout ce qu'on dit ; & ils en rendent compte avec facilité : c'est-là qu'ils sont sensibles à la louange & au blâ-

SUR LE CŒUR HUMAIN.

me. Un service qu'on devroit toujours se rendre mutuellement, ce seroit dans ces rencontres de flatter & d'encourager les enfans de ses amis, de les excuser, quand on les blâme, pour en être écouté quand on les avertit. Cela fait d'autant plus d'impression sur leur esprit, qu'ils sentent parfaitement qu'on le fait sans prendre autorité sur eux. D'ailleurs, on peut aisément remarquer que les enfans ont plus de soumission & de docilité pour des étrangers qu'ils voient rarement & qui leur font accueil, que pour ceux qu'ils fréquentent, parce qu'ils se conforment aux égards que leurs parens ont pour ces personnes. Pourquoi donc un ami, qui vient me voir, ne daigne-t'il pas souvent regarder mon fils encore enfant? Pourquoi même des peres les reléguent-ils de leur table jusqu'à un âge fort avancé? Ils ai-

Service que les amis doivent se rendre à cet égard.

Les peres ont tort de les éloigner de leur table.

ment mieux les abandonner à des domestiques grossiers, que de les voir à leurs côtés. De-là vient que lorsqu'ils les jugent en âge de paroître & qu'ils les produisent dans le monde, ces jeunes-gens ont un air embarrassé & gêné, parce qu'étant alors capables de réfléxion, la crainte de manquer les rend timides, leur ôte la confiance, & les fait hésiter en parlant. Enfin, quand ils n'ont pas contracté par pratique & par imitation une hardiesse décente qui les fasse agir avec un air aisé & naturel, ils ont une fausse honte qui leur donne mauvaise grace, & qu'ils ont bien de la peine à dépouiller dans la suite.

Mauvaises suites de cet abus.

Ces réfléxions me donnent occasion d'examiner si les éducations publiques valent mieux que les éducations particulières ; je ne dis pas pour l'esprit, mais pour le cœur. Il me semble que des personnes d'un rang distingué, qui auroient reçu une bonne éducation, des peres & meres vertueux aidés du secours d'un bon précepteur qu'ils considéreront comme un second eux-mêmes, & non comme un honnête domestique, pourroient mieux former le cœur de leurs enfans que des maîtres publics, qui ne font chargés que d'un soin passager & trop divisé, pour être efficace. L'empire paternel est un empire doux : on y est plus volontiers soumis qu'à une autorité étrangere, qui se fait sentir tout-à-coup. Cela est si vrai, que les enfans, qui n'ont jamais obéi qu'à leurs parens, marquent de la surprise de se voir assujétis à d'autres. Je crois donc que ce qu'il y a de trop indulgent dans l'autorité paternelle pourroit être tempéré par le secours d'un maître particulier, avec qui les parens agiroient de concert. D'ailleurs, si, comme je viens de dire, on produit de bonne-heure les enfans dans les compagnies, le cœur en pourra recueillir d'excellens fruits. Il apprendra insensiblement tous les devoirs de la société; il acquerera la douceur, la retenue, l'affabilité, plutôt que parmi une foule d'égaux, qui ne lui communiquent que l'effronterie, la grossiéreté, & d'autres vices. Que l'on n'objecte point les avantages de l'émulation, ni l'utilité des amitiés qu'on lie dès l'enfance avec des personnes d'un rang distingué. Tout cela ne vaut pas ce qu'on perd, & il y a d'autres moyens que l'éducation publique, de leur procurer ces avantages. Je n'entre point ici dans le détail de ces moyens: la lecture de ce que je dis au commencement de ce chapitre peut les faire connoître.

Jo

Je conviens que peu de personnes sont en état de donner une éducation particuliere à leurs enfans; & c'est ce qui fait la nécessité des Académies & des écoles publiques. Mais il y auroit bien des choses à réformer en celles-ci. De grands-hommes l'ont tenté vainement, & je n'ose rien entreprendre après eux : peut-être que dans la suite on ouvrira enfin les yeux. La vérité m'oblige d'alonger encore cette digression, le lecteur me le pardonnera.

Des corps aussi respectables que les Universités pourroient du-moins réprimer l'avidité de quelques particuliers qui affrontent le public sous le titre de Maître-ès-arts. Ces gens, de mauvais précepteurs qu'ils étoient, deviennent Maîtres de pension encore pires. Ils s'établissent d'abord sous le nom modeste de maîtres d'école & de répétiteurs des basses

D

classes ; & à mesure que le nombre des disciples augmente, ils osent voler plus haut, & leur écriteau devient, pour ainsi dire, une table d'Enciclopédie. La nouveauté, qui toujours plaît, les fait fleurir d'abord : puis quand les parens reconnoissent que leurs enfans ne profitent pas plus chez ceux-ci que chez d'autres, ils les retirent & font retomber ces maîtres ignorans dans leur premiere misere.

<small>Pourquoi les enfans ne font pas de progrès dans les pensions.</small> La cause du peu de progrès que font les enfans dans la plupart des pensions, c'est le trop grand nombre qu'il y en a & de différentes classes. Un maître qui pourroit à peine régenter la quatriéme, répéte les hautes classes. Il est vrai que son ignorance se repose de ce soin sur des précepteurs que l'indigence oblige de faire un métier si penible à vil prix. Traités par le maître de

pension, comme il a été traité lui-même, se peut-il faire que ces maîtres subalternes prennent tout le soin nécessaire de leurs élèves? Se peut-il faire que de dignes sujets veuillent devenir les esclaves de gens qui ont l'âme basse & intéressée? Je ne parle point des exemples d'avarice sordide que les enfans ont devant les yeux, & des manieres grossieres & brutales qu'on a pour eux.

Pourquoi même quantité de maîtres de pension habiles, qui ne prendront point en mauvaise part ce que je ne dis pas ici pour eux, entendent-ils assez peu leurs intérêts, pour se charger de plus d'ouvrage qu'ils n'en peuvent faire? C'est qu'il est difficile aux hommes de se modérer sur l'intérêt.

Il seroit donc à propos que l'Université remédiât à ces abus: il ne m'appartient point de lui en prescrire les moyens : sa sagesse sauroit bien y pourvoir, si elle l'avoit entrepris.

CHAPITRE VI.

De la Religion.

Les enfans apprennent la Religion par imitation.

POur former de bonne-heure dans les enfans l'heureuse habitude de pratiquer la Religion, aux instructions simples & proportionnées à leur capacité, il faut joindre le secours puissant de l'exemple, qui prépare leur cœur à recevoir les premieres semences des sentimens de piété, que l'instruction doit y jetter, & que la bénédiction du ciel fera germer dans la suite, si l'on a soin de les arroser. Comme on conduit les enfans par le sensible à la pratique des vertus morales, ils se portent de même par imitation au culte de la Majesté suprême. Quand nous marchons devant eux, ils nous suivent. Nous devons donc leur inspirer de la vénération pour tous les actes de Religion, par le respect que nous avons nous-mêmes pour la sainteté de ses cérémonies. Il faut les reprendre avec douceur des fautes légeres qu'ils commettent contre une Religion toute d'amour, & ne jamais leur en faire faire aucun acte par contrainte. Point de fausses grimaces en leur présence; point de superstition: c'est, dit Théophraste, une crainte mal réglée de la Divinité. J'appelle de ce nom tous ces airs tristes, penchés, mortifiés, que prennent certaines personnes, ces affecteries, ces regards extasiés, ces élans vers le ciel; enfin toutes ces minuties, qui sont plutôt des marques d'un cœur froid & timide, que d'un cœur embrasé d'un véritable amour. L'innocence des enfans s'approche de Dieu, non comme d'un Juge terrible, mais comme d'un pere plein de bonté. Les affaires de la Religion doivent se traiter du-moins avec autant de dignité, qu'en doit avoir un Magistrat admis au Conseil du Prince. Il craint également de choquer son maître par un air trop dissipé, ou de lui déplaire par des manieres contraintes & timides, qui le rendroient ridicule aux yeux de l'assemblée. Enfin, l'amour n'admet point une crainte d'esclave. Les longues prieres fatiguent les enfans ; elles doivent donc être courtes & instructives. Leur posture dans l'Eglise doit être modeste sans affectation. En un mot, rien ne doit sentir le cagotisme. Car il arrive que les enfans le méprisent dès qu'ils viennent à l'appercevoir, & que, n'ayant pas assez de discernement, ils méprisent aussi la véritable dévotion; ou bien ils s'accoutument à ce cagotisme & tombent ensuite dans l'hypocrisie. Quand les passions commencent à s'enflâmer, & que la Religion n'est plus assez forte pour les contenir, ils cherchent à les satisfaire, en sauvant les apparences. Car les hommes veulent toujours paroître tels qu'ils ont paru dans le monde : un homme libertin dans le cœur, attaché par une fausse honte à certaines pratiques, conserve l'extérieur de la Religion, & met ainsi l'Arche à côté de Dagon : sa vie est un blasphême continuel. Si donc l'Education n'est pas capable de retenir un jeune homme dans le devoir, il vaut mieux qu'il soit ouvertement libertin, qu'hypocrite. L'un a quelquefois honte de ses vices qui le diffament, & il revient: l'autre au contraire ne rougit jamais du mal qu'il fait dans les ténébres, & le Dieu qu'il outrage le livre sans retour au mensonge de son cœur.

Accoutumer les enfans à faire l'aumône.

Il est nécessaire d'accoutumer les enfans à répandre dans le sein des pauvres des dons plus précieux que des sacrifices. Dieu verse sur ces libéralités des graces infinies, outre qu'on leur inspire ainsi la générosité envers le prochain & le désintéressement, deux vertus si nécessaires à l'honnête homme. On doit sur-tout leur donner de l'horreur pour toute injustice ; mais

Ne point leur en imposer par de pieux mensonges, qui les feroient tomber dans l'incrédulité.

que ce ne soit pas une crainte superstitieuse inspirée par mille fables & mille pieux mensonges sur la Religion. La vérité n'en a pas besoin pour conserver son crédit. Il arrive souvent que ce qu'ils ont reconnu faux dans un âge plus avancé, leur fait regarder comme tel ce qu'ils ne prennent pas la peine d'examiner. Les fables monacales ont été dans les siécles d'ignorance la cause de la plupart des hérésies : parce que les hommes venant à reconnoître qu'on a abusé de leur crédulité, se jettent dans l'excès opposé ; après avoir trop cru, ils ne veulent rien croire. En voilà assez sur la Religion, pour ce qui regarde un âge tendre.

CHAPITRE VII.

Des récompenses & des châtimens

Il faut rendre les enfans sensibles au point d'honneur, plutôt qu'aux récompenses.

LA récompense de la vertu doit être la satisfaction d'avoir bien ait. Voilà une récompense bien mince, dira l'intérêt.

Mais c'est assez pour les enfans, si on les accoutume de bonneheure à ne rien faire que par ce motif généreux. On les rend au contraire insensiblement intéressés par les petits présens qu'on leur fait & qu'on estime beaucoup plus qu'ils ne valent. Looke a bien raison de dire que l'estime qu'on fait paroître devant eux pour les habits magnifiques, pour l'argent, &c. les fait devenir imperceptiblement vains & avares.

Si l'on accoutume les enfans à bien faire dans l'espérance de recevoir quelque récompense, comme des amusemens, ou des friandises; celles-ci les gâtent, les autres sont bien-tôt méprisés & incapables de les exciter à bien faire. Il faut toujours composer avec eux, & marchander, pour ainsi dire, leur travail. Mais ils sont sensibles au point d'honneur & à la louange, quand on ne les a pas dégoûtés de leur devoir, en leur imposant des choses au-dessus de leurs forces: car en ce cas le dégoût l'emporte sur toute autre considération. *L'honneur & la satisfaction* d'avoir bien fait, doivent donc être les premiers moteurs de leur volonté. Si on les flatte de quelque autre récompense, qu'elle tende, ou à satisfaire une louable curiosité, ou à quelque délassement utile.

Quelles récompenses on peut leur donner.

C'est par ces deux premiers motifs que les hommes font leurs meilleures actions; & c'est par la crainte qu'ils font les moins bonnes. Je m'explique. *J'avoue que la crainte présente de la peine a plus de force sur l'âme que l'espérance d'un bien à venir.* Celle-là peut faire agir avec plus de diligence que celle-ci; mais jamais avec tant

L'espérance produit de meilleurs effets que la crainte du châtiment.

d'ardeur ni de persévérance ; parce que la crainte du châtiment diminue à mesure qu'il vient à être méprisé. L'ardeur de notre volonté est un feu qui brule toujours ; & c'est l'espérance qui lui fournit les alimens. La crainte au contraire fait languir l'âme, ou l'avilit. Le châtiment est une tempête qu'on ne (a) redoute pas long-tems ; parce que, dès qu'on l'a essuyée une fois, le mal paroît moins grand qu'on se l'étoit imaginé d'abord, & on vient bien-tôt à s'y accoutumer. D'ailleurs l'âme trouve presque toujours devant les hommes les moyens de se mettre à l'abri des fougues de ce tyran ; & quand elle a sauvé les dehors elle demeure maîtresse du dedans. Un enfant qui n'est conduit que par la crainte s'étudie

Celle-ci les rend stupides ou trompeurs.

―――――――
(a) Timor non diuturnus Magister Officii Cic. Philip. 2. n. 90.

plus à en imposer à cette fâcheuse maîtresse qu'à se rendre attentif à ses instructions. En un mot, quand nous faisons le bien par crainte, ce n'est jamais qu'imparfaitement ; au lieu que nous nous livrons toujours à l'espérance de toutes nos forces.

Mais, direz-vous, unissons la crainte & l'espérance; elles auront plus de force. Oui ; mais celui qu'elles gouverneront, sera toujours un esclave la chaîne à un pié. Il est vrai que la crainte & l'espérance sont inséparables : *J'espere un bien, & je crains en même tems d'en être privé.* C'est en ce sens qu'on doit les unir. Mais je puis espérer un bien positif tel qu'une récompense, sans craindre un mal aussi réel que le châtiment ; & alors ma liberté est entiere. C'est ainsi qu'on doit faire naître dans les enfans l'amour de la vertu & du devoir : c'est par-là qu'on leur inspire la véritable grandeur d'âme. N'employez tant qu'il sera possible que ces motifs exemts de toute contrainte : s'il faut approcher d'autres machines, préférez toujours les moins violentes.

Les peines afflictives sont le dernier remede.

Les châtimens doivent donc être le dernier remede, & on ne doit l'appliquer qu'à la malignité de l'action : il faut punir le mal moral & non pas le physique. Si l'on inflige une peine corporelle à un enfant, parce qu'il ne se souvient pas de ce qu'on lui a dit, ou qu'il ne comprend pas ce qu'on veut lui mettre dans l'esprit ; c'est une cruauté insuportable. C'est, dit-on, pour le rendre attentif. Mais il ne sera attentif qu'à sa crainte ou à sa douleur & à rien autre chose ; parce que l'esprit ne peut opérer, si l'âme n'est dégagée de

La crainte du châtiment empêche l'esprit d'agir & décourage les enfans.

toute passion. Une maniere d'agir brutale & grossiere jette le découragement dans le cœur des enfans. La volonté se roidit contre les mauvais traitemens, de sorte qu'ils produisent l'insensibilité à l'honneur, l'endurcissement, la mauvaise humeur, la férocité. Un enfant élevé la verge à la main devient souvent stupide ou un fort mauvais sujet pour la société ; jugeant des autres par lui-même, il se persuade aisément qu'on n'en peut rien obtenir que par violence.

Je ne saurois voir sans indignation ces instrumens de supplice d'esclaves, dont use le pédantisme. Un *Magister* le fouet à la main ressemble à un bourreau qui va fustiger une troupe de criminels. Quel moyen de former d'honêtes gens ! Comment voulez-vous, dira-t-on, conduire autrement un âge aussi peu capable de se conduire par raison ? Mais sera-t-il mieux conduit par la terreur ? Faites naître de bonne-heure des sentimens nobles dans le cœur des enfans, & n'employez jamais la verge que pour des fautes morales & considérables : alors ils concevront une telle horreur pour ce honteux châtiment, qu'ils feront tous leurs efforts pour l'éviter. Quant aux fautes légeres, ou qui ne partent point de la corruption du cœur, il suffira de les punir par la honte ou par la privation de ce qui leur fait plaisir.

Nous avons dit que l'enfance, pour avoir *implicitement* tous les caractéres, n'en a aucun particulier & permanent ; parce que la trop grande souplesse des organes les rend susceptibles de mouvemens divers & passagers, & que les impressions sont vives,

On n'en doit user que rarement & pour des fautes morales & griéves.

mais de peu de durée. Cependant à travers cette inconstance on peut discerner entre tous ces mouvemens ceux qui sont les plus fréquens & qui pourront dans la suite passer en habitude. Un jeune homme, par exemple, qui a l'imagination vive, & par conséquent le sentiment délicat, pourra être enclin aux plaisirs, au faste, à la vanité : un autre avec moins de vivacité aura des passions plus sérieuses. C'est par les régles générales, que nous venons de donner pour conduire la premiere enfance, qu'on peut prévenir les habitudes vicieuses. Mais quand un âge plus avancé, commence à développer les différens caracteres, il faut alors employer d'autres moyens pour les fortifier ou les affoiblir. C'est dans le tems que les passions ne font que de naître & sont encore tranquiles,

S'appliquer à connoître le caractére dominant d'un enfant.

qu'il faut munir l'âme contre leur impétuosité. L'Histoire va nous en fournir les moyens.

CHAPITRE VIII.

Des autres sources où le cœur peut puiser des instructions.

Près avoir parlé des premiers moyens que l'Education peut employer pour former le cœur & qu'elle a toujours, pour ainsi dire sous la main; il est à propos de parler de ceux qu'elle est obligée d'emprunter ailleurs. Comme notre vie est trop courte, & le nombre des personnes, avec qui nous sommes liés, trop petit, pour nous fournir des modèles de toutes les vertus; il est nécessaire de suppléer à ce défaut par la connoissance des grands hommes, qui nous ont précédés. Car quoique chaque particulier n'ait pas occasion de pratiquer toutes les vertus, sur-tout celles que nous admirons dans les Héros ; il est cependant de l'honête homme d'étudier à fond tous les cas où il pourroit en faire usage. Il n'en peut trouver de plus beaux exemples que dans l'Histoire vraie ou fabuleuse & dans la Poésie.

C'est dans ces sources qu'on peut puiser dès l'enfance des sentimens vertueux. Tout y est dépeint d'une maniere propre à remuer une imagination vive, & par conséquent à insinuer aisément dans le cœur les principes qui serviront à le régler.

L'Histoire, malgré toute l'incertitude que la mauvaise foi ou l'ignorance y ont répandue, offre au cœur une ample moisson d'excellentes maximes. Quand

Utilité de l'Histoire par rapport au cœur.

on la lit simplement pour orner l'esprit, on peut discuter des faits: mais le cœur n'a pas besoin de cette critique. Il importe peu pour son instruction que ces faits soient constans, ou non: il suffit qu'ils soient vraisemblables, pour qu'il puisse les supposer vrais & en tirer du profit. Que les Héros Grecs ou Romains ayent été ou non, tels qu'on les dépeint, il suffit que ce qu'on en dit excite notre admiration, pour que nous soyons disposés à les imiter. Quoique dans la plupart des grands hommes de l'antiquité il y ait beaucoup plus de faste que de vertus solides, cependant le récit de leurs actions éleve l'âme & la remplit de sentimens généreux. On peut en les imitant agir par des motifs plus purs qui leur ont été inconnus & qui auroient donné le dernier dégré de per-

Les fausses vertus des Payens deviennent solides chez nous, si nous avons soin d'en épurer les motifs.

fection & de solidité aux vertus dont ils nous ont laissé tant d'exemples extérieurs. La valeur, par exemple, ne paroît jamais avec plus d'éclat que dans les fameux Conquérans. Cette vertu ne perd point son nom, quoiqu'on en fasse usage pour une mauvaise cause; c'est toujours *le mépris de la mort & de tout danger*. En un mot, c'est toujours une vertu, si vous la séparez un moment de l'injustice qui la falsifie en quelque sorte : l'or, pour être allié à d'autres métaux, n'en est pas moins or. Le désintéressement, l'amour de la patrie, la clémence, vertus favorites des premiers Romains n'étoient ternies que par leur ostentation & leur orgueil, leur austérité par quelque chose de farouche, & leur fermeté par une certaine inflexibilité.

Si les enfans ne sentent pas

aussi-tôt ce qui manque à certaines vertus dont ils sont vivement frappés, il suffit que l'admiration, qu'elles excitent en eux, leur fasse naître peu-à-peu l'envie de les pratiquer ; jusqu'à ce qu'un âge plus avancé les rende capables de plus amples réfléxions. Il est cependant utile de leur en faire faire qui soient à leur portée lorsqu'il se trouve quelque exemple proportionné à leur âge & à leur caractére. Nous parlerons dans le chapitre suivant des exemples les plus importans de l'Histoire qu'on peut leur proposer quand ils ont assez de discernement pour en profiter.

Des Romans. Quant à la fable, aux Romans & à la Poésie ; tous ces ouvrages, par les raisons que nous avons apportées dans le Volume précédent, ont beaucoup d'attraits pour le cœur.

Comme c'est souvent le cœur qui les fait composer, il n'est pas surprenant que l'esprit y brille: quand ces deux maîtres travaillent de concert, ils produisent de beaux Ouvrages; mais c'est dommage que le premier gâte si souvent tout. La Religion & la morale ont beau se récrier contre cet abus; qui sont les hommes qui s'abstiennent de ce qu'elles défendent? Je conviens avec les casuistes rigides qu'il ne faudroit jamais que ces Livres tombassent entre les mains des jeunes gens; mais il faudroit aussi pour cela que ces Ouvrages ne fussent pas si communs: on ne devroit pas par la même raison leur faire lire ni Ovide, ni Virgile, ni Horace, tout corrigés qu'ils sont de ce qui peut choquer l'oreille. La passion de l'amour a-t-elle jamais parlé un langage plus séduisant que dans ces Auteurs ? On crie tous les jours contre les vices des hommes ; s'en corrigent-ils ? Il ne faut donc pas prétendre qu'une jeune personne de l'un ou de l'autre sexe ne lira jamais de Romans, à qui les grilles mêmes des cloîtres ne sont pas impénétrables.

Ce que c'est qu'un bon Roman.

Les Romans peignent pour l'ordinaire un cœur orné de grandes vertus, mais sujet aux foiblesses de l'amour : on met à côté de cette passion, la générosité, la libéralité, la sincérité, la discrétion, la constance, qui lui servent comme d'excuse. Quel est le cœur qui pourroit se défendre de l'impression de si beaux sentimens ? Ils semblent autoriser toutes les folies d'un amant & d'une maîtresse. On ajoute, pour donner du lustre à cette peinture, le contraste de quelque caractère odieux qui entre

entre en épisode pour traverser le bonheur des amans. Enfin, pour mêler l'intrigue, on les fait passer par un grand nombre d'accidens & de catastrophes funestes, qui les conduisent enfin à une union tendre & constante.

Tant qu'il ne tombe que de tels Romans entre les mains des jeunes gens, je ne vois pas que leur vertu coure grand risque. Ils ne balancent point entre l'estime qu'ils conçoivent pour une personne ornée de belles qualités, mais sujette à une foiblesse, & la haine qu'ils ont pour le caractére odieux de celui qui la traverse par mille perfidies.

Utilité de cette lecture.

Voici donc le profit qu'ils peuvent tirer de la lecture de ces fictions : c'est d'être naturellement portés à imiter les vertus qu'ils admirent. Une jeune fille, par exemple, pourra y apprendre à discerner un homme de mérite d'un faquin ; elle apprendra à se défier de la séduction. Un jeune homme en tirera le même avantage.

Il faut donc, quoique la sévérité de notre Religion défende tout ce qui peut flatter ou irriter les passions, se contenter de prévenir les désordres qui naissent d'un abus qu'il n'est pas en notre pouvoir d'empêcher entiérement. Les occupations du premier âge, la surveillance d'un maître suffisent d'abord pour éloigner d'un éléve les Ouvrages qui lui seroient pernicieux. Mais comme il ne suffit pas de détourner tacitement ce qui peut nuire à un malade, qui est dans son lit ; & qu'il faut encore lui indiquer tout ce qui seroit contraire à sa santé, lorsque la convalescence l'aura rendu maître de se gouverner ; de même il faut dans un âge plus mûr faire connoître aux jeunes gens, non tous les poisons qui pourroient nuire à leur cœur, mais les plus ordinaires.

 Après l'étude de l'Histoire, qui sert à orner l'esprit & à régler le cœur; il seroit à propos d'employer la Poésie Epique, Dramatique & Morale, pour achever de les perfectionner. C'est dans ces Ouvrages que la vertu tient le plus magnifique langage. Il faudroit extraire, à mesure qu'on les lit toutes les pensées qui peignent, la justice, le désintéressement, le courage, la douceur, la sincérité, &c. avec les plus vives couleurs, & les vices qui leur sont contraires avec les plus noires. Il faudroit, dis-je, faire un recueil des plus excellentes maximes qui y sont répandues, & exercer là-dessus la mémoire des éleves. Lorsque

Marginal note: Précautions qu'il faut apporter avant de permettre à la jeunesse la lecture des Romans.

ces maximes auroient fortifié leur cœur contre toute autre impression, on pourroit leur mettre entre les mains des Romans choisis, d'où l'on tireroit d'excellentes leçons, si, outre les beaux sentimens dont ils sont remplis, on faisoit remarquer à un jeune homme les malheurs que traîne ordinairement après soi la passion de l'amour, l'affliction d'une famille qui désaprouve une inclination mal assortie, les folies doucereuses des amans, les emportemens d'une passion pour laquelle rien n'est sacré quand elle trouve des obstacles. Ces réfléxions faites dans le calme d'un âge tranquile pourroient faire connoître aux jeunes gens à quel danger on est exposé quand on se livre aux enchantemens de l'amour, dont la raison même semble toujours prendre le parti, & qu'elle aigrit quand elle veut le combattre. Car, quoi qu'on puisse dire, il en est de cette passion comme de toutes les autres : tant qu'elles sont violentes la raison leur céde, elle ne reprend ses forces & ne rentre dans ses droits que lorsque leur fougue est ralentie. C'est dans cette occasion qu'il faut accoutumer les jeunes gens à faire usage de cette raison dégagée de nuages : en un mot, c'est dans le calme qu'on apprend à vaincre la tempête. Il faut par une forte teinture du bien précautionner l'esprit & le cœur contre les impressions du mal; & l'imperfection humaine veut que l'on tolere ce qui est moins mauvais pour éviter le pire. En faisant choix de Romans qui ne soient point licencieux, on doit encore préférer ceux, dont les avantures nous peignent plus au naturel les

Choix qu'on doit en faire.

mœurs du siécle où nous vivons. J'ajoute en finissant qu'il ne faut permettre aux jeunes gens la lecture de ces Livres que comme un amusement récréatif & non comme une occupation sérieuse.

CHAPITRE IX.

Détail plus particulier de l'utilité de l'Histoire pour le cœur.

L'Histoire est un vaste Drame, dont l'unité d'action est la tendance de tous les hommes vers le bien : la diversité des opinions sur sa nature fait la variété de l'intrigue. Après que l'esprit a été frappé du merveilleux de ce spectacle, il faut tourner les objets, qu'il présente, vers le cœur, pour lui faire aimer la vertu & fuir le vice :

quand l'imagination est satisfaite, le cœur se prête volontiers. Ainsi l'Histoire, en ornant l'esprit, accoutume le cœur à vouloir ce qu'il admire : les exemples de grandeur d'âme ravissent la nôtre ; les éloges de la vertu lui font désirer de les mériter. Mais entre mille fausses vertus, effets de l'orgueil & de la vanité, il faut choisir les vertus solides qui rendent l'homme véritablement heureux, autant qu'il peut l'être en cette vie ; je veux dire le désintéressement, la libéralité, la fidélité ou la vraie & sincere amitié, l'amour de la patrie & des siens, la modération, la clémence, enfin toutes les vertus qui regardent la société, comme celles qui sont propres à certains états, telles que la constance, la valeur, la vigilance, l'intégrité, la prudence, &c. On doit aussi munir le

Impression que l'Histoire fait sur le cœur.

cœur des vertus qui contribuent à notre propre tranquilité. Par exemple, l'égalité d'humeur prévient les désordres de la colere : une noble indifférence nous fait supporter également l'une & l'autre fortune, retient nos désirs dans de justes bornes, & ne leur permet de nous inquieter que sur ce que nous pouvons légitimement espérer ; en un mot, elle tire avantage de la nécessité même.

L'Histoire est un tableau du Cœur Humain. De quelle maniere on doit le présenter aux jeunes gens.

L'Histoire tant Sacrée que Profane, doit donc être pour les jeunes gens un tableau universel du cœur de tous les hommes & du leur en particulier. A chaque pas qu'ils font dans la connoissance des faits les plus éclatans qu'elle fournit, il faut leur découvrir les motifs généraux & particuliers qui font agir les hommes, les circonstances qui les déterminent en toute occasion*, les prétextes qui couvrent quelquefois la bisarerie de leurs démarches. On fera remarquer que quelques légeres que soient le plus souvent les causes qui les font agir, elles prennent toute leur force dans la passion qui est la plus violente lorsqu'ils délibèrent. Il est sur-tout nécessaire de dévoiler l'imposture des passions qui nous persuadent presque toujours quelque chose de contraire à nos véritables intérêts. L'ambition, par exemple, dit aux Conquérans qu'il est glorieux de se rendre redoutable par de vastes ravages. Mais quelle honte pour eux, si dans les siécles postérieurs ils se voyoient dépeints tels qu'ils furent en effet; si au lieu des éloges qu'ils attendoient, ils se voyoient en horreur à la postérité! La vénération peu sincére des peuples qui les flattoient par crainte étoit le fantôme après lequel ils courroient. Mettez en parallele Titus & Alexandre : qui fut le plus heureux ? Voilà en passant un exemple de l'illusion des passions. On peut faire, quand l'occasion se présente, le même examen des autres chimeres qu'elles chérissent. Ce qu'elles nous donnent ne vaut pas la tranquilité qu'elles nous ôtent. C'est sur-tout à l'amour de cette tranquilité d'âme qu'il faut accoutumer un jeune homme, on lui montre quels avantages on retire d'une injure méprisée ou pardonnée, d'un intérêt négligé à propos, d'un bienfait qui gagne les cœurs, de la reconnoissance qui nous fait encore plus d'amis, d'une fidélité constante, d'une sincérité sans indiscrétion, & de toute autre vertu qui joint, à la satisfaction qu'elle procure à un cœur généreux, une gloire solide autant que la condition humaine le permet.

Enfin, on doit faire de l'Histoire pour le cœur ce que j'ai dit qu'il falloit en faire pour meubler l'esprit d'un grand nombre d'idées. A mesure que celui-ci s'enrichit, il discerne, il range pour examiner à loisir le vrai & le faux. Le cœur doit toujours être présent à ses opérations pour en faire son profit.

Il en est de l'Histoire pour la Morale, comme de la Physique expérimentale à l'égard de la Physique raisonnée. Quand on a bien observé tous les phénomenes du cœur humain, on cherche la cause générale de ses mouvemens & quelle est leur fin, non plus pour se contenter d'une spéculation seche & stérile, mais pour régler sa mécanique par les maximes les plus sûres qu'il est possible & accommodées aux circonstances. Ainsi quand on fait remarquer toutes ces choses à un éleve, ce n'est pas assez de lui présenter la vertu avec tous les traits qui peuvent la faire aimer; il faut encore l'avertir de ce qu'il doit faire en telle ou telle rencontre. On peut lui rappeler quelque circonstance de sa conduite particuliere & y appliquer la maxime qui se présente. Mais cela doit se faire en peu de mots: il ne faut pas sermonner à chaque instant: il suffit le plus souvent d'apuyer sur quelque exemple ou d'avertir d'y faire attention.

CHAPITRE X.

Des exemples de vertu qu'on peut tirer de l'Histoire.

IL est si vrai que l'Histoire forme le cœur, qu'il n'y a gueres que ceux qui ont pris ses leçons, qui soient capables de sentimens au-dessus du vulgaire. Je conviens qu'un bon naturel peut former dans un homme toutes les vertus civiles ; mais elles n'auront jamais tout le lustre que leur donnent de fréquentes réfléxions sur les actions de presque tous les hommes. La Noblesse n'a-t-elle pas besoin d'être animée par le récit des belles actions de ses ancêtres ? Tous les hommes ont le même avantage : si la liaison du sang excite les Nobles à imiter leurs

L'Histoire éleve l'âme.

Les actions des grands hommes nous portent à les imiter.

aïeux; celle que nous contractons avec les grands hommes, même après leur mort, n'est pas moins étroite ni moins puissante pour nous engager à bien faire. En effet, ne sent-on pas naître en soi-même de l'amitié pour ceux, dont on lit les actions héroïques? Nous avons une joie secrete de les voir heureux, & nous ressentons de la peine quand il leur arrive quelque infortune. Cette simpatie en fait pour nous des amis que nous nous proposons pour modeles dans l'occasion.

Qui n'est pas touché, par exemple, de la générosité de Joseph, dont l'Histoire est connue de tout le monde? Qui n'admire pas le procédé de David envers Saül? Jamais amitié fut-elle plus constante que celle de Jonathas? Les malheurs de David, les dangers que Jonathas couroit lui-même, en lui demeurant fidele, ne purent en altérer la tendresse. L'Histoire Sacrée fournit un grand nombre d'exemples de valeur héroïque & de toutes les autres vertus. Quoiqu'elle ne prononce pas sur certaines actions, qui paroissent peu conformes aux idées que nous avons d'une morale épurée, il ne faut pas croire qu'elle autorise le crime. La seule conséquence qu'on en puisse raisonnablement tirer, c'est que les plus grands personnages sont toujours hommes & par conséquent sujets à quelque foiblesse. En la faisant lire aux jeunes gens, il faut toujours opposer le vice à la vertu, & leur faire remarquer ce qu'il a d'odieux. La basse jalousie de Saül, comparée à la générosité de son fils, qui revêt David de ses propres armes, après la défaite du Philistin, paroît aussi afreuse

L'Histoire Sainte fournit un grand nombre d'exemples de vertus.

Mettre les vertus en opposition avec les vices contraires.

que cette dernière action est belle : on ne sait qui mérite plus d'éloge, de celui qui fait cet honneur, ou de celui qui le reçoit. Tel est le propre d'une grande âme, elle estime la vertu dans les autres, sans craindre que leur gloire obscurcisse la sienne. L'envie au contraire est la passion d'une âme lâche & paresseuse, qui désire la gloire, apanage du vrai mérite, sans faire effort pour l'acquerir. C'est un orgueil qui ne veut point avoir d'égaux. Elle ne peut souffrir dans les autres, ce qu'elle ne sent point en soi ; ou bien elle ne veut point voir dans les autres ce qu'elle croit posséder à un dégré éminent. Un envieux est triste lorsqu'il voit prospérer quelqu'un ; il se réjouit & prend un plaisir malin lorsqu'il voit ses égaux en vices, ou ses inférieurs en bonheur.

Réfléxions que doit occasionner ce contraste.

On peut encore obferver à ce fujet, que fouvent il eft dangéreux de briller par des vertus trop éclatantes, qui obfcurciffent celles de nos Maîtres. Ils font hommes, & comme tels ils fouffrent avec peine qu'on donne à d'autres des louanges qu'ils ne croient dûes qu'à eux. Accoutumés à être flatés ils fe perfuadent aifément que perfonne ne mérite mieux ces éloges, qu'eux. Il eft donc plus sûr de pratiquer la vertu fans éclat & de paroître égal aux autres hommes; car le peuple aveugle dans fes faveurs, comme dans fa haine, ne voit jamais à quoi il expofe ceux qu'il favorife trop; comme il arriva à ces femmes qui chantoient en préfence de Saül: « Saül a tué » mille ennemis: mais David en » a tué dix mille. » Ces paroles indifcretes ulcérerent le cœur de Saül contre David & furent la source de la haine qu'il conçut contre le plus grand & le plus fidele de ses sujets. Ces maximes ne sont pas moins utiles à tous les hommes dans la société civile qui se trouve entre de simples particuliers, qu'à ceux qui approchent des Grands. Il ne faut jamais paroître avec trop d'avantage dans une compagnie, si l'on veut s'en faire aimer. On peut faire de ceci bien d'autres applications, que le Lecteur sent aussi bien que moi.

Voilà en passant les réfléxions qu'on peut faire faire aux jeunes gens d'un certain âge sur différens traits de l'Histoire Sainte. L'exemple seul de David renferme d'admirables leçons de générosité & de prudence. Il nous aprend à user avec modestie des avantages que nous avons sur les autres, en cachant adroitement des qualités exposées aux traits de l'envie; à ne se venger de ses ennemis que par des bienfaits & à les forcer par nos bonnes manieres, plutôt que par des reproches, à reconnoître leur injustice. Nous y voyons qu'on peut sans bassesse représenter à ceux qui sont au-dessus de nous, combien ils ont tort de nous persécuter; mais de maniere qui puisse guérir leur jalousie, en leur faisant sentir qu'ils ont sur nous tout l'avantage. Je ne saurois me lasser d'admirer ce que David dit à Saül au sortir de la caverne en lui montrant le bord de sa casaque qu'il avoit coupé. « Comprenez donc enfin, Sei- » gneur, combien peu vous avez » à craindre de moi: voyez, mon » pere, le bord de votre casaque: » j'ai épargné votre vie & vous » poursuivez la mienne. Que » suis-je devant vous? un chien » mort, une puce qu'un grand Roi

« veut tuer. » La prudence veut qu'on se défie d'un ennemi réconcilié. David agit en cela avec les plus sages ménagemens. Enfin, cette Histoire fournit les plus beaux préceptes sur l'amitié. On y voit comment elle sait prendre dans l'occasion la défense d'un ami, sans blesser ceux qui lui sont contraires ; qu'elle est fidele même au péril de la vie & que l'adversité ne l'altere point.

Caracteres des Patriarches. L'Ecriture Sainte fait avec une naïveté admirable les plus vives peintures des caracteres. Abraham, Jacob, Joseph, Moïse, font des actions qui marquent la bonté de leur cœur. Le premier est désintéressé, ami de la paix, il sert ses amis avec chaleur, il vole à leur secours dès qu'il apprend qu'ils sont en danger. Jacob, malgré l'injustice de son beau-pere, le sert avec fidélité;

il l'enrichit, sans négliger ce qui lui est dû légitimement à lui-même. Les remontrances, qu'il fait à Laban, en lui reprochant l'injustice de son procédé, marquent un homme plein d'équité & de bonne foi. On voit dans ce Patriarche le modèle d'un excellent économe; & dans Laban au contraire un avare, qui ne pense qu'à faire son profit aux dépens d'autrui. Joseph est chaste: il évite la séduction par la fuite: il pardonne avec bonté: il ne s'oublie point dans le haut dégré d'élévation où il est parvenu. Ses freres sont des gens grossiers, sujets à la plus basse jalousie qui leur fait craindre de leur frere, ce qu'ils sentent qu'ils auroient fait en pareille occasion. Moïse joint à une grande sagesse une tendresse de pere pour ceux dont la conduite lui est confiée: il consent d'être effacé

Moïse.

pour eux du nombre des vivans: il n'épargne rien pour adoucir les peines qu'ils souffrent dans le désert : il leur donne des loix & veut bien partager son autorité afin que la justice soit mieux rendue. Les Juges du peuple Israëlite, qui gouvernent après lui, sont grands hommes de guerre & pour la plupart d'une condition, qui fait voir que le mérite, qui éleve à la souveraine autorité, n'est pas uniquement attaché à la naissance. La conduite de quelques-uns de ces Juges apprend aussi que de grands vices ou de grandes foiblesses accompagnent souvent les plus rares qualités. Saül, qui leur succéde avec le titre de Roi, n'étoit pas non plus d'une naissance illustre. Ce Prince fit paroître d'abord beaucoup de modestie; mais il ne soutint pas long-tems ce caractere. Quand cette vertu

Les Juges.

Saül.

est feinte, après avoir servi quelque tems de masque à l'orgueil, elle ne tarde pas à se démentir, lorsqu'elle aperçoit dans un autre un avantage qui lui manque. Alors elle fait place à la jalousie. Jamais Prince ne fut plus tourmenté que Saül de cette cruelle passion ; elle ternit toute la gloire qu'il s'étoit acquise par sa valeur guerriere, & comme il est ordinaire, elle ne servit qu'à illustrer davantage son ennemi. David fut un modèle accompli de toutes les vertus qui forment les grands hommes. Sa droiture ne lui permet pas de manquer de fidélité à son Prince qui le persécute injustement ; il rejette toutes les occasions qu'il a de se venger ; & si l'impétuosité de la colere l'y porte une seule fois contre Nabal, il s'en repent aussi-tôt. Il sait allier habilement la politique avec l'équité. Un de ses

David.

Joab.

Généraux enflé de ses talens & jaloux d'un rang, qu'il prétend mériter, lui vend fièrement ses services. C'est un serviteur importun qui sert son Maître même malgré lui & qui fait son devoir par caprice. David le ménage long-tems par prudence & s'en sert pour se défaire de gens mal-intentionnés qui lui faisoient ombrage. Est-il possible qu'un Prince aussi modéré, qui avoit tant de bonté pour ses ennemis publics & particuliers, ait traité si cruellement Urie le plus zèlé & le plus vaillant des Officiers de son armée! Sa conduite si différente envers celui-ci, & envers Joab, fait voir que les hommes sacrifient tantôt leur sentiment à leur intérêt, & tantôt leur intérêt à leur sentiment, suivant que l'un de ces deux mobiles l'emporte sur l'autre. On y apprend encore que rien de plus pernicieux

cieux que l'oisiveté pour les gens les plus vertueux, & rien de plus funeste aux grandes âmes qu'un amour criminel qui traîne après soi, outre plusieurs autres maux, la négligence des affaires les plus importantes. David endormi dans les plaisirs ne s'aperçoit pas des désordres de sa famille, des sujets de mécontentement de son peuple, ni des menées de son fils Absalon. Ce jeune Prince au- Absalon. roit eu toutes les qualités qui font les grands hommes, si la passion de régner ne l'eût porté aux excès les plus criminels. Il avoit l'art de gagner les cœurs, tant par la majesté de sa personne, que par sa souplesse ; en un mot, c'étoit un de ces hommes qu'on aime malgré leurs défauts : que seroit-ce s'ils savoient faire bon usage de leurs talens ! Salo- Salomon. mon avec toute sa sagesse ne peut se défendre des attraits de la volupté. Les actions du reste des Rois de Juda & d'Israël sont un mélange de vertus & de vices qui se trouvent continuellement en opposition les uns aux autres ; ainsi que les récompenses que la Providence accorde aux uns & les peines qu'elle inflige aux autres. C'est dans les Livres Sacrés qu'elle dévoile les replis de notre cœur & les ressorts secrets par lesquels elle gouverne tous les Empires de l'Univers.

L'Histoire Profane.

L'Histoire Profane ne fournit pas des exemples moins illustres. On sait jusqu'à quel point les Grecs & les Romains ont poussé l'héroïsme & se sont gênés pour pratiquer la vertu la plus austére.

Fausses vertus des Payens utiles à la société.

Il seroit bien utile pour la société que les hommes voulussent encore se gêner jusqu'au point d'aimer fidellement & sincérement la Patrie, leurs amis, leurs parens ; d'être désinteressés, tempérans & modérés. Il ne faut point pour cela se forger une idée chimérique & romanesque de la vertu : on peut la pratiquer à meilleur marché. Le mot *virtus*, qui veut dire force, ne signifie point, comme l'ont cru faussement les anciens, un effort continuel pour nous élever au-dessus de la nature & de tous sentimens humains ; c'est la nature elle-même. Etre vertueux en un mot, c'est être homme, mais non pas insensible ; c'est être dans un état tranquile ; c'est conserver cet équilibre qui fait que nous pensons & réfléchissons nettement sans sentir aucune douleur, ni aucun autre plaisir que celui de notre éxistence ; c'est s'accoutumer de bonne-heure à maintenir cet équilibre & à employer tous les moyens possibles pour y rentrer, quand une cause étrangere vient à le rompre. Je dis *tous les*

Idée de la véritable vertu.

moyens possibles : car il y a une infinité de causes indépendantes de nous qui peuvent nous ôter cette tranquilité. Quand elles nous attaquent, c'est être fanatique ou imposteur que de prétendre les surmonter. Il est dans l'ordre de la nature que nous leur cédions ; & il seroit ridicule à un homme qui sent une vive douleur de dire, en faisant la grimace, qu'il ne souffre point. Nous pouvons bien écarter quelques pensées fâcheuses, faire des efforts pour empêcher que quelque passion ne trouble notre tranquilité : mais quand elles se sont rendu maitresses, avons-nous assez de force pour retenir l'autre côté de la balance ? Revenons aux réfléxions qu'on peut faire faire aux jeunes gens sur l'Histoire Profane.

<small>Il faut surtout faire lire aux jeunes gens les vies des grands hommes.</small>

On doit mettre entre leurs mains les Livres qui dépeignent

le mieux les hommes par leurs qualités civiles & personnelles. Plusieurs Auteurs ont ramassé les traits les plus frapans des vies des hommes illustres, & en ont mis au jour toutes les circonstances les plus aisées à appliquer à la conduite des particuliers, qui voudroient les prendre pour modèle. La plupart des grands hommes des derniers siécles se proposoient toujours quelqu'un de ces Héros à imiter.

Qu'on ne dise point qu'il n'y a que les hommes d'une condition élevée qui puissent pratiquer certaines vertus, & que les leçons qu'on donne aux Rois, aux Princes & à ceux qui commandent des armées, ne sont point praticables pour le reste des hommes. La vertu est de toutes conditions, il est vrai qu'une vie privée ne fournit point ces grandes occasions de se signaler; mais le mérite tout ignoré qu'il est doit-il être moins précieux pour ceux qui en font partagés ; un tréfor caché n'est-il pas toujours un tréfor pour celui qui le posséde ? Il ne faut point porter le sceptre pour être désintéressé, bien-veillant, doux, libéral, fidelle, sincere, tempérant, affable, reconnoissant, modéré ; pour sçavoir oublier ou méprifer une injure ; pour pardonner à un ennemi, pour se faire plus aimer que craindre, pour ne se point laisser abatre par les malheurs, ni en-orgueillir par les succès. Les Princes ont besoin de ces vertus pour gagner les cœurs de ceux qui leur obéissent. En faut-il moins pour rendre un homme aimable dans l'étroite enceinte d'une ville ? Un pere de famille, peut & doit les pratiquer toutes dans son domestique. Tous les hommes ont besoin d'une conscience qui ne leur reproche rien : il leur est également utile & agréable que leur cœur réponde à leurs actions. Les bornes de cet Essai ne me permettent pas de m'étendre beaucoup sur les exemples que fournit l'Histoire Profane : un seul me suffira pour confirmer ce que je dis.

Alcibiade, sans le mélange honteux de tous les vices qu'on lui reproche, auroit été un modèle accompli de toutes les vertus qui font admirer & aimer les grands hommes. Il avoit un caractere souple & fléxible, propre à prendre toutes les impressions que demandoit la différente conjoncture des tems. Laborieux dans l'occasion, il supportoit les plus rudes fatigues. Il étoit d'un accès facile, libéral, magnifique, affable, enjoué dans la conversation. Il savoit flatter avec délicatesse, s'accommoder

Portrait d'Alcibiade.

aux usages & aux mœurs de ceux avec qui il vivoit, & les ménager si habilement que, malgré l'ascendant qu'il avoit sur eux, il en étoit chéri. Qu'un homme seroit aimable, s'il joignoit à une si prodigieuse souplesse un vrai fond de probité !

Il seroit à souhaiter qu'on fît un choix des plus beaux traits de l'Histoire moderne, pour l'instruction de la jeunesse, comme on a fait de l'ancienne. Passons à la lecture des Livres Moraux tant en Prose qu'en Vers.

CHAPITRE XI.

De la lecture des Livres Moraux tant en Prose qu'en Vers

APrès que l'Histoire a satisfait la curiosité du bas âge, & orné l'esprit d'un grand nombre de connoissances; après que la raison s'est accoutumée insensiblement à tourner ses réfléxions au profit du cœur; lorsque parvenue à une espéce d'adolescence elle peut discourir sans le secours du sensible; pour fortifier dans l'âme les sentimens de probité qui auront commencé à y prendre racine, on peut donner au cœur des préceptes qui le déterminent à agir sur le champ dans toutes les situations où il pourra se trouver.

Les jeunes gens d'un certain

âge, qui auront été élevés de la maniere que je propose, liront avec plaisir les meilleurs Livres, qui leur aprendront à régler leurs mœurs & à connoître celles des autres. Je vais parler du choix & de l'usage qu'on en doit faire.

Beauté de la Morale des Livres Saints.

La Morale des Livres Sacrés est celle qu'on doit étudier davantage. On n'en peut lire les maximes sans admirer la force & la noblesse de leur expression. Ces vérités surpassent toute sagesse humaine; ces pensées frapantes sont des regles, qui surprennent autant par leur précision que par l'étendue des conséquences qu'elles font envisager, & par le nombre d'aplications qu'on en peut faire: elles renferment en détail tout ce qu'on doit au Créateur, au commun des hommes, aux siens, comme à soi-même, enfin les devoirs de tous âges & de tous états. Dans ces livres divins la Sagesse fait connoître l'homme sensé au premier aspect, à l'air du visage, à son ris, à sa démarche. L'Avare, l'Indiscret, le Médisant, le Calomniateur, le Fourbe, l'Envieux, le Superbe, le Débauché, l'Indocile, le Sot, y sont aussi caractérisés par toutes leurs actions & par les malheurs que traînent après soi leurs déréglemens. On y apprend à fuir leur compagnie, à se garder de leur malice, en un mot, à se procurer la tranquilité d'âme, en réglant ses désirs, ainsi que la paix au dehors par l'équité, la politesse & la douceur envers tout le monde. La Sagesse s'abaisse même jusqu'au corps pour conserver la santé : elle fait voir qu'on trouve dans le travail & la diligence toutes les commodités de la vie. Ces admirables leçons doivent être mises entre

F vj

les mains des jeunes-gens, puisque c'est sur-tout à eux qu'elles sont adressées.

Morale profane. A cette excellente Morale on peut joindre d'autres livres de maximes conformes aux mœurs du siécle, sur-tout ceux qui plaisent autant par la beauté du stile que par la justesse des pensées, & qui récréent l'esprit en flatant le cœur par l'espérance de posséder les vrais & solides biens. L'Enfance, plus propre à cueillir des fleurs que des fruits, n'aime pas les leçons épineuses de la Morale : elle n'a pas assez d'idées pour les comprendre. L'Adolescence plus instruite, sans avoir presque rien perdu de la vivacité de son imagination, aime à cueillir des fruits parmi des fleurs: elle s'ennuie d'une Morale séche qui parle beaucoup & dit peu, qui n'est qu'une spéculation stérile, qui déplore la condition des hommes sujets à tant de foiblesses, qui attriste & qui abat le courage plutôt que d'élever l'âme. Tous les hommes écoutent volontiers des conseils qui disent sûrement ce qu'il faut faire en toute rencontre, & qui mêlent à-propos la théorie & la pratique afin que l'une éclaire l'autre. Après cette observation générale, je laisse à la prudence des maîtres le choix des livres moraux qui conviendront le mieux à la capacité & au caractere de leurs éleves. Je me contenterai de citer quelques-uns de ceux qui sont les plus estimés; tels que sont, les maximes de la Roche-Foucault, l'Homme de Cour, la Bruiere, le Traité du vrai mérite, l'Ecole du monde, le Mentor, le Socrate moderne, Saint-Real, l'Art de se connoître soi-même d'Abbadie, la Politique du Chancelier Bacon, Pope, &c. il est inutile que j'en rapelle un plus grand nombre. Je ne citerai pas non plus nos poëtes satyriques, dont les ouvrages sont remplis d'une infinité de belles Sentences & de caracteres; les comiques qui peignent si bien les mœurs du commun des hommes & qui donnent le mouvement & la parole à leurs tableaux. J'ai déja parlé des poétes héroïques qui doivent accompagner l'histoire pour la noblesse des sentimens. Le goût doit régler le choix de tous ces livres. Passons à l'usage qu'on en peut faire.

<small>Maniere dont on doit présenter la morale.</small>

Il faut faire réfléchir les jeunes-gens sur les beautés d'une pensée détachée, sur ses différentes faces, sur les diverses aplications qu'on en peut faire, sur celle qu'en fait l'auteur. On leur rapelle ordinairement quel-

SUR LE CŒUR HUMAIN.

que trait d'histoire auquel elle peut se raporter. Quand ce sont des réflexions plus liées & plus étendues, des discours moins coupés; on les arrête sur un principe; on leur fait prévoir les conséquences, remarquer celles que l'Auteur en tire & celles qu'il en doit tirer; on fait remarquer qu'elles sont les maximes toujours vraies, celles qui ne le sont qu'en certains cas, ou qui en imposent par un faux brillant : on leur rend raison des façons d'agir générales & particulieres de l'homme : on leur en fait chercher la cause dans sa nature même : on leur fait voir dans les piéces Dramatiques la maniere sophistique ou ridicule de discourir des passions déréglées, leur fureur, leur emportement, leur folie. Pour rendre ces maximes & ces réflexions plus familieres à un jeune-homme, il seroit à propos, comme je l'ai déja dit, de lui en faire faire des extraits pendant le cours de ses humanités, & lorsqu'il lit ces livres pour se récréer utilement. Et afin que cela se fît avec choix & discernement, il faudroit ne lui faire prendre entre les pensées, qui se ressemblent pour le sens, que celles qui sont le mieux exprimées, les plus courtes, les plus claires, & celles qui paroissent également belles. On pourroit écrire de suite les Sentences des livres sacrés vis-à-vis celles des Auteurs prophanes qui leur répondent, afin de les comparer plus aisément. On placeroit celles qui sont en prose à côté de celles qui disent la même chose en vers, celles des Poétes latins en parallele avec celles des Poétes François, le tout distribué par petits chapitres qui sépareroient chaque matiere. Cet exercice vaudroit bien celui qu'on fait faire dans les Colléges aux jeunes-gens à qui on dicte des notes littérales sur les Auteurs. Il vaudroit mieux leur donner à dépeindre quelque caractere d'après une bonne piéce de théatre, que de leur donner à amplifier quelque propos fade & ennuyeux.

Voilà, je crois, tout ce que l'éducation peut faire pour le cœur, depuis la premiere enfance jusqu'à l'âge où l'esprit plus dévelopé commence à penser. Quelque bien exécuté que puisse être ce plan d'éducation par les plus habiles maîtres, je ne prétends pas qu'il suffise pour déraciner entierement tous les vices naturels à l'homme, ou prévenir tous ceux qu'il peut contracter. On sait assez que souvent le cœur est sourd aux plus belles leçons, ou que s'il en est touché, ce n'est que d'un foible sentiment, dont bien-tôt mille autres plus vifs viennent prendre la place. Le sermon le plus pathétique ne fait bien souvent impression que dans le moment qu'on l'écoute. Il en est de l'éducation comme de l'Art de persuader. Elle a fait son devoir lorsqu'elle a gravé ses leçons dans l'esprit. Il ne dépend plus alors que de la volonté, qu'on ne maîtrise point, d'en faire usage. On ne peut l'y forcer; l'habitude seule peut lui en faire une loi; mais par combien de mouvemens violens la constance de cette habitude n'est-elle point ébranlée dans l'homme ? C'est assez si elle peut reprendre autant de fois le dessus. En un mot l'homme n'est pas vertueux, pour n'avoir point de passions; ce seroit indolence plutôt que vertu : il ne l'eſt que quand il les modere & les regle. Tout ce qu'on peut faire de mieux, c'eſt de lui en enſeigner les moyens.

Je ſupoſe donc ici que l'homme formé dès ſes plus tendres années par l'exemple, cultivé par les Belles-Lettres, inſtruit par la Morale, eſt parvenu au point de faire la revue des richeſſes de ſon âme, de pouvoir mettre de l'ordre dans ſes idées ; qu'il eſt en état de diſpoſer l'économat de tous ſes biens & de recueillir à propos le fruit de ce qu'on a ſemé en lui. Juſqu'à préſent on l'a façonné comme une cire molle, on l'a porté, il eſt maintenant en état de marcher ; mais il a encore beſoin d'un guide, qui préſentant à ſon eſprit ſucceſſivement tous les êtres qui l'environnent, lui montre en même tems tous les raports

Récapitulations

réciproques, qui se trouvent entr'eux & lui. On lui a montré, pour-ainsi-dire, en détail, les agrémens de la vertu, il faut lui en présenter tous les avantages réunis, & le mettre sur la voie de se conduire lui-même dans leur recherche. Cette matiere va faire le sujet de la troisiéme partie de cet Essai.

Fin de la seconde Partie.

PRATIQUE D'ÉDUCATION POUR LE CŒUR.

TROISIEME PARTIE.

LE DISCERNEMENT.

CHAPITRE PREMIER.

De l'inutilité des sciences sans la vertu.

EN aprenant à distinguer le vrai du faux, l'homme doit aprendre à discerner le bien du mal, la premiere de ces opérations est le moyen, l'autre est la fin, l'une n'est utile que parce que l'autre est indispensablement nécessaire. Dans quelle erreur s'égare celui qui change de route! En effet le flambeau n'est nécessaire qu'à l'œil, qui voit. Telle est la différence entre l'esprit & le cœur; l'un éclaire, l'autre gouverne. Que ne doit-on point faire pour écarter les nuages qui offusquent l'un, & empêcher l'autre de prendre une fausse route? Enfin de quelle utilité est pour moi la lumiere, si je porte un bandeau sur les yeux.

De quelle utilité sont les sciences pour l'homme si elles ne le rendent pas meilleur. Que lui sert la connoissance parfaite de l'univers s'il ne sait pas quelle place il doit y tenir, & si connoissant qu'il y sera toujours mal à l'aise, il ne cherche pas à s'y placer le moins mal qu'il lui sera possible, dans l'attente d'une situation plus heureuse que celle d'un voyageur errant?

Que les connoissances, quelque solides qu'elles soient, sont funestes à celui qui a le cœur gâté, c'est-à-dire, dont la volonté ne s'accorde jamais avec ce qu'il fait, & qui s'est fait une habitude de contredire ses idées par ses actions! *Etat malheureux d'un homme qui connoît ses devoirs sans les remplir.*

Si l'esprit n'a pas assez de pénétration pour découvrir l'incertitude ou le faux de ses connoissances, il se fait illusion; à la bonne heure, c'est une agréable rêverie; il ressemble à un fou qui croit être riche & ne possede rien: en ce cas les préjugés de l'esprit passent au cœur & bien ou mal, ces deux puissances sont en paix. Il aime ses propres chimeres. S'il se trouve en bute à quel- *Celui d'un ignorant est préférable.*

que contradiction de la part de ceux qui n'ont pas la complaisance de lui cacher qu'il est dans l'erreur, il se console sur ce qu'il croit qu'ils se trompent eux-mêmes.

Il est moins à plaindre que celui qui, avec toute la capacité possible, passe la plus grande partie de ses jours à constater un point de Chronologie, à établir ou à réjetter un fait de l'histoire, à comparer ensemble une infinité d'opinions qui ne lui présentent rien de certain & entre lesquelles il flotte comme au milieu d'une vaste mer, ne sachant où aborder ni où jetter l'ancre. Ne peut-il pas dire avec le Sage » (*a*) je me suis livré de

---

(*a*) Mens mea contemplata est, multa & multa sapienter didici.
Dedique cor meum ut scirem prudentiam atque doctrinam erroresque & stultitiam : & agnovi quod in his quoque esset labor & afflictio spiritus.

tout

» tout mon cœur à l'étude de
» la prudence & des sciences :
» j'ai voulu connoître les er-
» reurs & les folies des hom-
» mes, & j'ai reconnu qu'il n'y
» avoit en cela que travail &
» peine d'esprit. Beaucoup de
» science apporte beaucoup de
» degoût & d'ennui, & qui nous
» donne la science n'ajoute à
» notre vie qu'un nouveau tra-
» vail.

» Que nous aprennent les
» Sciences, dit l'Auteur de l'Art
» de se connoître, des éti-
» mologies, des dates, des
» faits qui ne nous regardent
» plus ou qui ne servent qu'à
» montrer que nous les savons,
» des questions vaines, ou ridi-
» cules, ou dangéreuses, des spé-
» culations sans fin, une infinité
» de fictions & de mensonges ; pres-

Eò quòd in multâ sapientiâ multa sit indignatio : qui addit scientiam addit laborem . . . . . . : Eccl. c. 3. v. 16. 17. 18.

G

» que rien qui nous soit utile.....
» Il n'est pas possible de donner
» quelque distinction à des con-
» noissances qu'on entasse en si
» grand nombre ; il arrive pres-
» que toujours qu'on s'enfle par
» l'acquisition de ce ténébreux
» butin ; comme si on avoit lieu
» de se féliciter d'acquerir de
» nouveaux préjugés & de nou-
» velles erreurs, & si l'abondance
» des connoissances, qui empêche
» la justesse & la droiture de l'es-
» prit, valoit autant que leur clar-
» té & leur distinction, qui pro-
» duit un effet tout opposé.....
» Ceux-là même, qui savent le
» mieux ce qu'ils savent, qui joi-
» gnent les qualités naturelles aux
» acquises, qui se sont accoutu-
» més à épurer par l'exactitude
» d'une méditation appliquée,
» les connoissances qui embrouil-
» lent le cerveau des autres par
» leur confusion, ne rapportent

„ pas au fond un plus grand fruit
„ de leurs études que de connoî-
„ tre combien les connoissances
„ de l'homme sont bornées.

Un savant au milieu de mille incertitudes ne doit-il pas envier l'ignorance d'un homme de la campagne, qui joint la probité au simple bon sens ; qui ne fait usage de sa raison que par occasion, qui ne va point chercher la vérité, mais qui l'envisage, & sait la reconnoître quand elle se présente ? Sans se répandre en vains raisonnemens sur la nature des êtres, sur les causes premieres ou secondes des mouvemens des corps, il se contente d'en observer les effets & en profite; il jouit des commodités de la vie en louant Dieu des productions de la terre, sans examiner par quelle mécanique elles croissent ; il suit sans rafinement les sentimens qui naîssent en son ame plus conformes à la sincérité & à la cordialité que cette fausse délicatesse & ces honnêtes fourberies dont le reste des hommes se paie. Tous ces riens, qui coutent tant de peine & de contrainte à ceux qui veulent se distinguer dans le monde, ne lui causent aucune inquiétude: il est d'autant plus heureux que la simple nature, qu'on appelle grossiéreté, le dispense de mille bien-séances, dont on ne le croit pas capable & qui gênent si fort le reste des hommes. Enfin, s'il vit ignoré, il coule paisiblement ses jours, & se trouve au bout de la carriere aussi avancé que les autres. Ce qu'il ignore ne lui fait point de peine, parce qu'il ne le connoît pas: il possede un bonheur plus réel que ceux dont l'esprit après bien des fatigues ne satisfait point le cœur;

car que servent à l'homme tout le travail & les peines d'esprit dont il est tourmenté pendant la vie ?

J'avoue que l'état d'ignorance est un état d'imperfection, que l'homme doit faire des efforts pour en sortir, & que le bien de la société demande que chacun se rende capable de la place qu'il doit occuper. Mais que les tentatives qu'il fait pour cela soient proportionnées & à sa capacité & son état; que notre raison se tienne dans de justes bornes ; que les progrès qu'elle fait dans les sciences ne la détournent point de son principal objet ; en un mot qu'elle fasse attention que ce ne sont point nos connoissances qui font par elles-mêmes notre bonheur. Elles ne sont que l'instrument qui peut nous y conduire, si nous savons en faire un bon usage.

Notre raison doit donc les

employer toutes, comme autant de soldats à la conquête de notre propre cœur, pour domter ses humeurs & ses caprices, & pour le rendre insensible à tous ces riens dont je viens de dire que les hommes se contentent. Il faut qu'il apprenne d'elle à quoi s'en tenir & à les apécier sagement ce qu'ils valent.

L'homme est destiné à agir plutôt qu'à connoître.

Notre vie est toute en mouvement, il est plus nécessaire pour nous d'agir & d'agir à propos que d'étudier : nous n'avons pas toujours besoin de science, mais de probité, ou plutôt c'est en cela seul que nous devons être habiles. Je compare donc l'étude à une promenade ou à un voyage de récréation qui n'occupe pas la plus grande partie de notre tems, après quoi nous rentrons chez nous pour vacquer à nos affaires. Nous avons dû pendant le loisir penser sérieusement aux moyens d'y réussir ; alors *non est loquendum sed gubernandum*: sans quoi » (a) notre âme n'en » va pas un meilleur branle : j'ai- » merois aussi cher que mon éco- » lier eût passé le tems à jouer » à la paulme.

Les parens s'empressent, à ce qu'ils disent, de donner une bonne éducation à leurs enfans. Il n'y a guere de famille, quelque mediocres qu'en soient les moyens, qui ne sacrifie tout pour l'avancement d'un fils. Ce zéle est louable en soi, & donne à l'Etat quantité de bons sujets qui resteroient dans l'obscurité ; mais aussi combien l'imprudence de ce même zéle en donne-t-elle de mauvais. On force souvent un enfant à étudier une langue savante, » mais voyez-le » revenir de-là, dit Montagne,

Faute que font les parens en destinant les enfans à un état auquel ils ne sont pas propres,

(*) Montagne.

» après quinze ou seize ans em-
» ployés, il n'est rien de si mal
» propre à mettre en besogne :
» tout ce que vous y reconnois-
» sez davantage, c'est que son
» Latin & son Grec l'ont rendu
» plus sot & plus présomptueux
» qu'il n'étoit : il en devoit rap-
» porter l'âme pleine, il ne l'en
» rapporte que boufie & l'a seu-
» lement enflée, au lieu de grossie.

On a prétendu à quelque prix que ce fût le rendre capable. Mais de quoi ? A quoi le destine-t-on ? Ce sera dit-on à lui à choisir quand il sera en âge. Mais sera-t-il capable de faire un juste choix & d'opter selon vos intentions ? Il n'a jamais appris à choisir ; d'ailleurs si sa volonté n'est pas conforme à la vôtre, que lui serviront ses études ? S'il s'avise d'embrasser une profession mécanique, il se trouvera peu propre à un ouvrage pénible : les occupations tranquiles d'un Collége l'ont rendu incapable de soutenir aucune fatigue.

Je crois donc qu'il vaudroit mieux essayer les esprits que de les contraindre. Qu'on emploie à l'étude la premiere jeunesse, rien de mieux ; ce seroit un tems perdu qu'il faut occuper. Mais quand les inclinations commencent à se faire connoître suivez en le penchant, & n'attendez pas qu'un jeune-homme par défaut de capacité ou de volonté passe vingt-ans sans occupation sérieuse & utile. Ce seroit le devoir d'un Maître, homme de probité, d'en avertir lui-même les parens des éleves qu'on lui confie. Je vais finir par une réflexion de Montagne. Je ne me lasse point de citer un Auteur qui a si bien pensé sur ce sujet.

G v

« La science, dit-il, n'est pas
» pour donner jour à l'âme qui
» n'en a point, ni pour faire voir
» un aveugle : son métier est,
» non de fournir la vue, mais
» de la lui dresser, de lui régler
» ses allures, pourvu qu'elle ait
» de soi des pieds & des jambes
» droites & capables. C'est une
» bonne drogue que la science,
» mais nulle drogue n'est assez
» forte pour se préserver de son
» altération & corruption selon
» le vase qui l'étuie. Tel a la
» vue claire, qui ne l'a pas droite,
» & par conséquent voit le bien
» & ne le suit pas. Mais c'en est
assez sur des réfléxions qui me
meneroient trop loin. Passons à
l'usage qu'on doit faire des sciences pour le cœur.

CHAPITRE II.

De la Philosophie par rapport au cœur.

L'Etude de la Philosophie doit être une étude continuelle de la Morale. En faisant revuë de nos connoissances, en cherchant à les étendre, à surmonter les difficultés & à dissiper l'obscurité qui les envelope, on doit examiner ce qu'elles sont rélativement à notre cœur & ce qu'elles y produisent; il faut soumettre la nature même de ce cœur à l'examen de l'esprit & l'assujettir aux préceptes que lui dicte la Raison. C'est ainsi que cet examen ne sera pas infructueux; puisqu'il nous fournira des régles pratiques sur ce qu'il faut faire pour acquérir de solides biens. C'est

Quel doit être le but de la Philosophie.

Il ne faut point arrêter les jeunes gens sur des minuties qui ne menent à rien.

perdre un tems précieux que d'arrêter les jeunes-gens sur un grand nombre de définitions & de questions préliminaires : il faut les conduire d'abord au vrai & le leur faire saisir avec précision. On doit les avertir du peu de certitude qu'on a sur les points les plus importans des sciences ; leur faire sentir à chaque instant combien notre raison est bornée, & que le nombre de nos connoissances est bien petit. Pour cela il seroit bon de séparer ce qui est avoué généralement de tous les hommes, d'avec ce qui est contesté. Quant aux opinions débatues entre les Philosophes, la vérité se trouve quelquefois entre deux ou trois partis contraires ; assez souvent aucun d'eux ne la connoît. Tous y tendent, mais par des voies différentes. On part d'un principe évident, ou qui est regardé

Leur faire discerner les connoissances certaines de celles qui ne le sont pas.

comme tel, & par une enchaînure de conséquences on s'avance insensiblement vers la vérité qu'on cherche. L'un rencontre un obstacle qui le fait rester à moitié chemin ; un autre le devance & se trouve arrêté à son tour ; un troisiéme va plus loin, sans cependant arriver bien certainement au but proposé. De toutes ces opinions différentes celle qui en approche le plus près est certainement la meilleure. Mais on doit se donner de garde de s'y attacher trop fortement & de recevoir comme vrai ce qui n'est simplement que probable. La raison veut au contraire qu'on soit prêt à s'en dépouiller, si l'on vient à découvrir quelque chose de plus certain. Voilà ce qu'on doit faire remarquer aux jeunes-gens que l'on conduit dans la carriere des sciences, qui tendent toutes à la découverte de la vérité. Quel profit ne retireront-ils pas de ces considérations? Ils gouteront ce plaisir si pur d'être assurés de la possession de quelques connoissances certaines, qui sont pour eux un vrai bien. D'un autre côté, ils connoîtront les limites de leur raison, & ils sauront où doivent se terminer leurs recherches. Un autre avantage, c'est que le cœur ne pourra se refuser aux plus vifs sentimens de respect & de reconnoissance pour le Tout-Puissant Auteur de la nature, tandis que l'esprit animé d'une curiosité bien entendue parcourrera avec admiration, la face extérieure de l'univers & les miracles sans nombre qu'il renferme. Que si ce dernier en veut pénétrer l'intérieur & découvrir les ressorts secrets qui donnent le branle à cette étonnante machine, il peut

Apprendre aux jeunes-gens à mettre des bornes à leur curiosité.

faire quelques conjectures vraisemblables, qu'il doit toujours prendre pour telles & non pour des connoissances certaines ; & le cœur doit s'en contenter pour sa propre tranquilité. N'est-ce pas en effet un tourment continuel pour certaines personnes, qui, sans garder de milieu, veulent tout connoître avec évidence, ou tout révoquer en doute? Leurs efforts empêchent-ils les choses d'être ce qu'elles sont? C'est une folie aussi ridicule que celle de cet homme, qui vouloit être César ou rien.

Enfin on doit éloigner les jeunes-gens de tout esprit de chicane & de parti qui gâte & aigrit insensiblement les mœurs & qui est le caractere du pédantisme. Au lieu de leur définir simplement la Philosophie: *une connoissance certaine & évidente par principes* ; on devroit

Leur inspirer la modération dans la dispute.

ajouter, *que nous savons peu de choses, que nous ne faisons que conjecturer sur d'autres, & qu'il y en a que nous ignorons totalement.*

On doit leur faire comprendre que nous n'avons que très-peu d'idées de bien des êtres par les seules lumieres de la Raison ; que nous en avons beaucoup plus acquis par la Révelation, sans laquelle nous serions encore incertains sur bien des choses qu'elle décide ; que si tout ce qu'elle nous dit n'est pas d'une entiere évidence, nous devons juger, par la lumiere qu'elle a répandue sur quelques-unes de nos connoissances, qu'elle ne nous trompe pas dans le reste.

Si l'on vient à bout de convaincre l'esprit de l'inutilité de bien des recherches, il ne sera pas difficile de persuader au cœur de n'y pas chercher un bien qu'il n'y trouvera pas & qu'il en est de plus solides au dedans de lui-même, dont il doit ambitionner la possession.

Toutes les parties de la Philosophie doivent tendre à ce but ; elles doivent toutes payer un tribut à la Morale. Je ne parle point d'une Morale paresseuse qui s'amuse à mille questions frivoles sur la nature de nos actions sans nous donner aucune régle certaine pour les diriger, & qui dispute sur la nature du bien dont elle ne met jamais en possession. Y a-t-il rien de plus stérile & de plus mal en ordre que la Morale ordinaire de l'Ecole? Elle divise les puissances de notre âme en deux parties, la partie supérieure & l'inférieure : la supérieure comprend l'*Intelligence* & la *Volonté* qui allant de compagnie forment l'*appétit raisonnable* : la partie in-

Toute la Philosophie doit se rapporter à la Morale.

Défaut de la Morale de l'Ecole.

férieure est la partie animale, où résident les passions : elle est composée des sens extérieurs & intérieurs, entre lesquels celui qui approche le plus de l'*Intelligence* c'est *l'Imagination*, & celui qui répond à la *Volonté*, c'est le *Sentiment* où la *faculté appétitive*, qui a le même rapport avec l'*Imagination* que la *Volonté* avec l'*Intelligence* ou la *Raison*. Car de même, nous dit encore cette Morale, que la *Volonté* se porte au bien connu par la *Raison*, de même le *Sentiment* se porte au bien connu par l'*Imagination*. Elle ajoute que dans cette partie inférieure de l'âme qui ne sait point obéir à la Raison, on met seulement l'*appetit sensitif*, & dans l'autre l'*appetit raisonnable*.

De semblables discours dont cette Morale est remplie, sont-ils bien capables de corriger mes mœurs

& de m'aprendre mes devoirs ? Cette division des puissances de l'âme est-elle bien naturelle ? Il me semble qu'il vaudroit mieux ranger ces puissances selon l'ordre successif dans lequel elles agissent, que de les annoncer selon la prééminence qu'elles ont les unes sur les autres. Ne sait-on pas que c'est la partie animale qui vit & agit la premiere, que le sentiment est dans l'homme la puissance primitive, qui à mésure qu'elle prend des forces fait éclore toutes les autres, les excite & leur donne pour ainsi dire le ton ? L'enfance n'a que l'appetit sensitif & animal ; il est le pere de toutes les passions ; c'est lui qui contracte toutes les habitudes bonnes ou vicieuses. L'âge dans un jeune-homme ou dans un homme fait ne détruit point le sentiment ; il le corrige, ou il le rend moins délicat ou il lui donne des forces : je veux dire que les passions cédent plus ou moins à la Raison à proportion que celle-ci a acquis de pouvoir, mais elle n'anéantit point totalement le leur. La Morale doit donc commencer par diriger le sentiment; elle doit montrer la maniere de rendre cette partie animale susceptible de bonnes impressions, elle doit disposer cette partie inférieure de l'âme à obéir à la supérieure. C'est sur l'enfance que cette partie de la Morale doit exercer son empire. Ce que je propose dans la partie précédente, pour corriger les caprices de l'enfance n'est autre chose qu'une Morale pratique qui raisonne pour l'enfance, qui la met en état de raisonner elle-même par sentiment, & qui la porte par des biens sensibles à des biens intellectuels. Je veux dire qu'elle

Ce que doit faire la bonne Morale.

accoutume à agir conformement à la Raison, ceux en qui cette Raison est encore en bas âge. Quand elle entre en majorité, alors la Morale, comme une tutrice qui lui remet l'administration de son bien, lui rend compte de ce qu'elle a fait pour elle, en prenant sa défense contre tous les ennemis qui vouloient anticiper sur ses droits. Elle montre à l'homme ce qu'il a été & ce qu'il va être, comment elle a domté ses humeurs & ses fantaisies pour le façonner à la vertu. Elle peut lui expliquer la nature des passions qu'elle lui a appris à modérer; elle peut proposer à l'esprit des biens pour lesquels une volonté docile n'aura plus de répugnance. Toutes les parties d'une saine Philosophie, en écartant les préjugés, concoureront avec la Morale à prouver d'abord une Religion sans laquelle nulle équité ne subsiste. La Morale, en attaquant la présomption fille de l'ignorance & de l'orgueil, fera tomber le voile de la prévention; en découvrant les faux biens cachés sous de trompeuses apparences, elle ouvrira les yeux du cœur sur ses propres intérêts. Elle attaquera, non plus des caprices & des sentimens aveugles de l'enfance, mais ceux qui se couvrent des prétextes les plus spécieux; des passions non plus naissantes, mais déja maitresses de la Raison. Elle montrera l'homme à l'homme même & le fera connoître à tous les signes particuliers qui le caractérisent. C'est ce que je tâche d'ébaucher dans cette partie.

CHAPITRE III.

Preuves morales de la Religion.

S'Il y a une Religion, comme on n'en peut douter, il est de la derniere importance pour l'homme de savoir qu'elle est la véritable. La Morale sert d'introduction à cette étude. La Réligion à son tour vient apuyer les leçons de la Morale & donner à ses préceptes le dernier dégré de perfection & de solidité, en découvrant à l'homme non-seulement ses devoirs, mais encore les motifs les plus purs & les plus puissants qui doivent l'exciter à les remplir. Dans l'enfance l'exemple & quelques instructions proportionnées à la capacité de cet âge, suffisent pour donner aux enfans les premieres idées de la Religion, dont la

Liaison de la Morale avec la Religion

pratique leur est d'ailleurs assez facile ; parce que les passions ne sont pas encore dévelopées, ou n'ont pas acquis toute leur force. Mais lorsqu'elles se sont fortifiées par l'âge, il faut leur opposer une digue plus forte. Il ne suffit pas de faire connoître aux jeunes-gens ce que cette Religion commande & ce qu'elle défend ; il faut leur faire voir sur quels fondemens elle est elle-même établie & leur fournir les raisons qui doivent les porter à se soumettre à ce joug. Je vais indiquer dans ce Chapitre la route que l'on peut suivre pour parvenir à ce but.

Il faut enseigner la Religion aux jeunes-gens par principes.

Comment on doit s'y prendre.

Le premier pas qu'on doit faire dans cet examen, c'est d'écarter l'obstacle que peut y apporter l'indocilité de l'esprit, qui prend ordinairement sa source dans la corruption du cœur, qui se révolte contre une Religion dont

Il faut écarter l'indocilité de l'esprit.

dont la Morale sévere tend à régler ses mouvemens & à enchaîner ses passions. Il faut donc bien persuader aux jeunes-gens que les lumieres de la Raison sont très-bornées & qu'elles ne peuvent être la mesure commune de ce qui est & de ce qui n'est pas.

Rien ne prouve mieux l'impuissance de cette Raison, que l'inutilité de ses efforts, lorsqu'elle a voulu pénétrer, plus loin qu'il n'est nécessaire à l'homme, dans les causes des effets naturels qu'il a tous les jours sous les yeux. Tant que les Philosophes ont pris l'expérience pour guide dans la recherche des causes naturelles, ils ont fait des découvertes ; mais ils se sont égarés dès qu'ils ont perdu ce fil, qui leur échape toujours lorsqu'ils osent porter leurs vues au-delà de leurs besoins. Ces grands

Bornes de l'esprit humain dans la connoissance des choses naturelles.

genies, les Descartes, les Newtons, prétendent déveloper les ressorts secrets qui ont produit & qui entretiennent l'ordre admirable qui regne dans l'Univers. Leurs sistêmes hardis frapent d'abord par leur grandeur, surprennent par un air de vraisemblance, & plaisent par leur nouveauté : on les adopte avec une espéce de complaisance ; on aime à être admis au conseil du Créateur & à se voir, pour-ainsi-dire, assis à côté de lui pour le suivre dans ses opérations. Mais lorsqu'on les examine de plus près, & qu'on vient à reconnoître que, bien loin de suffire pour rendre raison de tous les phénomenes de la nature, ils sont renversés par plusieurs expériences ; on les abandonne aussi promtement qu'on les a embrassés. En un mot les Arts & les Sciences, qui ont pour objet le bien de la société, font tous les jours des progrès, au lieu que dans ces sciences spéculatives, qui ne tendent qu'à satisfaire une vaine curiosité, l'Esprit Humain se trouve arrêté à chaque pas. La conséquence qu'on en doit tirer, c'est que ces connoissances n'appartiennent pas à l'homme, à qui elles ne seroient d'aucune utilité.

Ce que l'Esprit Humain éprouve dans la recherche des causes Physiques, lui est arrivé par rapport aux connoissances Morales. L'Homme né avec des bésoins, qui lui rendent la société nécessaire, a aussi les dispositions qui la lui rendent praticable. Il apporte en naissant, si non les premieres idées de Morale, du-moins la facilité de les saisir quand elles lui sont présentées. L'expérience, la réflexion lui font appercevoir la con-

Jusqu'où la Raison peut aller dans les connoissances Morales.

H ij

formité que certaines actions ont avec le bien public, auquel ses intérêts personnels sont attachés; il les approuve aussi-tôt & déteste les actions contraires. Il juge des ménagemens qu'il doit avoir pour autrui par ceux qu'il exige pour lui-même. Il devient alors sociable ; les idées de vice & de vertu, qu'il a acquises, lui servent de fondement pour établir les loix nécessaires au maintien de la société, ou de régle pour juger de l'équité de celles qu'il trouve établies. De-là les Législateurs & la soumission des peuples à leurs Ordonnances.

La Raison de l'Homme l'a fait pénétrer plus avant. La structure admirable de l'Univers lui a fait concevoir un Etre supérieur à tout ce qu'il voyoit, infiniment sage & tout-puissant, auquel il a donné le nom de *Dieu*. Cette premiere notion l'a conduit naturellement à un culte religieux. Il a senti la nécessité d'un tribut de reconnoissance & d'homage envers cet Etre également bon & puissant.

Telle a été l'origine de la Religion. Les lumieres de la Raison ont éclairé suffisamment les hommes pour les amener jusqu'à ce point. Mais lorsqu'ils ont voulu aller plus loin; lorsqu'ils ont voulu comprendre la nature de la Divinité, dont ils connoissoient l'existence, examiner les raports réciproques du Créateur & de la créature, & sonder les secrets de la Providence; ils ont marché à tatons & ont pris différentes routes dont les unes les ont menés à l'erreur, les autres à l'opinion, aucune à la vérité certainement connue. C'est ce qu'on peut voir par la diversité des opinions que les anciens Philosophes ont eues sur la Divi-

Obstacles qui arrêtent la Raison lorsqu'elle veut pénétrer trop loin.

nité, sur la Providence, sur la fin de l'homme & sur son souverain bien. Les erreurs dans lesquelles la plûpart sont tombés ; l'incertitude de ceux qui ont rencontré juste sur certains points, mais qui n'ont enseigné qu'en tremblant des vérités dont ils ne sentoient pas toute la force ; la diversité des religions qui en a été la suite, tout cela prouve l'insuffisance de la Raison sur cette matiere & la nécessité, ou du-moins l'utilité d'une révélation, d'une lumiere émanée de celui qui est la source de toute vérité, comme il est l'auteur de tout Etre.

De la Révélation Divine. Cette révélation a-t-elle été accordée aux hommes ? Voici le point qu'il faut examiner. Mais auparavant il faut observer que, s'il a plu à Dieu de découvrir aux hommes certaines vérités, non-seulement il a dû confirmer celles que la raison leur avoit fait entrevoir, mais encore il a pu leur en révéler d'autres d'un ordre supérieur & incompréhensibles à l'esprit humain. Entrons maintenant en matiere.

Il est un livre que des peuples nombreux regardent depuis plusieurs siécles comme dicté par Dieu même. Quelle idée m'en dois-je former avant que de l'ouvrir ? Quels caracteres doit-il avoir pour me forcer à croire qu'il vient de Dieu ? Il faut que ce livre me découvre toutes les grandeurs d'un Etre infiniment puissant, infiniment sage ; il faut que j'y trouve tout ce qui manque à ma Raison pour la conduire dans cette vie entre tant de périls qui l'environnent ; enfin il faut que j'y trouve tout ce que je ne pourrois découvrir par d'autres voies, & qu'il soit capable d'élever mon âme au-des-

Caractére de la Révélation.

sus d'elle-même. Je l'ouvre & j'y trouve tout ce que je souhaite : j'y puise des idées sur quantité de choses au dessus de tout ce que les plus sages de l'antiquité ont pu m'apprendre.

<small>Preuves de l'autenticité des livres Sacrés.</small>

Mais ce livre est écrit de la main des hommes, quelles preuves puis-je avoir, qu'il ne soit pas une production de leur esprit ? Comment m'assurerai-je qu'ils ont été éclairés d'une lumiere divine ? Quelle est cette lumiere ? Ce doit être une manifestation de la Divinité aussi claire que le jour qui luit. En falloit-il moins pour convaincre & persuader ces heureux mortels à qui Dieu s'est montré ou a parlé d'une maniere sensible. Ils ont été persuadés par les sens, eux qui en qualité d'hommes ne le pouvoient être autrement : puis-je l'être par une autre voie ; ma Raison est-elle d'une autre nature ?

Je ne dois point ajouter foi à leurs écrits, si je ne suis aussi fortement persuadé qu'ils l'ont été eux-mêmes, que Dieu s'est manifesté clairement à eux. Il faut que je reçoive la Révélation immédiatement de celui qui la leur a donnée, ou qu'ils me la transmettent sans altération, que je sois sûr à n'en pouvoir douter, que ce dernier moyen a été aussi infaillible que le premier, & que j'aye plus de degrés de certitude, qu'ils ont été inspirés, qu'ils n'en avoient eux-mêmes.

J'ai tout ce que je demande. Les Auteurs Sacrés m'assurent que Dieu parle par leur bouche : ils font pour le prouver des prodiges en invoquant celui qui les inspire. Si cela a été, pourquoi cela ne subsiste-t-il pas toujours ? Ils ont fait des merveilles dont je n'ai pas été témoin & les racontent eux-mêmes, dois-je les croi-

Des Miracles & des Prophéties.

H v

re sur leur parole après tant de siécles écoulés depuis leur mort, si ce qu'ils ont écrit n'est confirmé par d'autres miracles ? Ceci est encore accompli. Dieu leur parle, Dieu leur révele les choses futures pour donner de l'autorité aux loix qu'il leur dicte. Ils communiquent aux hommes de leur tems ce qu'ils viennent d'apprendre, & pour le confirmer ils font sur le champ des miracles : Ainsi celui qui s'est manifesté à eux d'une maniere toute sensible, manifeste aussi aux autres par les sens, qu'il s'est véritablement communiqué à ces personnes par un choix tout particulier ; & la Raison est traitée également dans ceux qui enseignent & dans ceux qui écoutent ; les premiers sont persuadés par les sens que Dieu leur parle, & les derniers sont aussi convaincus par les sens de ce que leurs Législateurs ont vu. Ceux des siécles futurs auront besoin d'un dégré de certitude & de persuasion plus fort : aussi la preuve n'est plus un miracle passager, mais permanent. L'accomplissement de tout ce qui a été prédit est ce miracle perpétuel qui prouve d'une maniere toute sensible que ces personnes ont été véritablement inspirées. Mais pourquoi celui-ci plutôt que celui-là ? Ne me demandez pas raison de ce choix ; il suffit que vous soyez entierement convaincus qu'il est réel, & que les Prophéties sont la preuve la plus authentique de notre Religion. En effet si Dieu se manifestoit à chaque instant aux hommes par des prodiges, les Prophéties deviendroient des preuves inutiles ; elles ne sont nécessaires que lorsque Dieu cesse de se manifester ; & en ce cas loin d'être des preuves moins fortes que les miracles qui surprennent subitement nos sens, elles s'accordent mieux avec sa bonté, qui avertit les hommes lon-tems avant que de les punir : elles s'accordent mieux avec sa Providence dont elles expliquent les ressorts admirables ; elles s'accordent mieux avec notre Raison, puisqu'elles semblent lui rendre un compte détaillé de la cause de tous les évenemens.

Peut-on douter raisonnablement qu'il y ait des Prophéties ? Non, quelque supposition qu'on fasse, quelque postérieures qu'on les pense aux époques de l'Ecriture ; à quelques Auteurs qu'on les attribue, elles précédent toujours de loin l'événement, & quelque éloigné de nous que soit cet évenement, il n'a certainement pas été prédit après coup, si d'autres Prophéties postérieures accomplies de nos jours confirment la Prophétie qui a annoncé cet évenement. Ainsi les dernieres Prophéties confirment les premieres, parce qu'elles sont émanées de la même source, & qu'elles portent toutes le même caractére : voici ce caractére.

Quand je vois l'Histoire de mon siécle ou d'un autre, écrite lon-tems avant qu'elle soit arrivée, je dis que c'est une Prophétie ; car il n'y a certainement que celui qui ordonne cet évenement qui puisse en faire le récit avant l'accomplissement. Comme je ne fais qu'indiquer la route qu'on peut suivre dans la recherche d'une chose aussi importante que la connoissance de la vraie Religion, je n'entrerai point ici dans le détail d'une preuve connue de tout le monde, qui est que l'état présent de tous les peuples de la terre prouve qu'il y a eu des

Prophéties, quelques efforts que fasse l'esprit pour les attaquer par mille suppositions absurdes.

Réfléxions qui ont rapport à tout ce qui a été dit ci-dessus.

Que nous revient-il de nos doutes? d'autres doutes sur ce que nous prétendons prouver, pires que ceux que nous avions sur les vérités que nous avons attaquées. Il faut, direz-vous, une démonstration sur une matiere aussi intéressante. Si vous n'y pouvez parvenir qu'hésitez-vous de suivre l'opinion au moins la plus probable, si je vous force de convenir que celle-ci l'est véritablement. Considérez pour la prétendue démonstration qui vous manque, quelle foule de probabilités vient s'offrir. Si par l'aspect de l'univers vous voulez un instant vous figurer quelle doit être l'Intelligence qui a bâti & ordonné un tel édifice : si vous voulez convenir un instant que ce n'est pas une puissance aveugle, comme vous le prétendez, si dis-je, après m'avoir accordé tout cela pour un moment, vous ouvrez les Livres Sacrés, vous y verrez une idée de cet Etre bien plus magnifique que celle que vous vous êtes forgée. Rassemblez tout ce que la Raison la plus saine peut penser de la Divinité, trouverez-vous chez les Sages ses atributs aussi clairement expliqués : non, ils n'en ont jamais eu qu'une idée bisare & grossiere. Certainement ce Livre-là est divin qui m'explique tout ce que ma Raison m'a pu découvrir par ses propres forces. C'est Dieu qui proportionnant sa grandeur à ma foiblesse, me fait entrer dans son conseil en m'expliquant la conduite de sa providence. Il me dévelope tous les mouvemens de mon cœur, tout ce que je sens en moi sans en pouvoir démêler la cause, il me fait connoître l'origine de toutes mes imperfections, il m'apprend que pour être heureux il faut toujours que mon cœur soit d'accord avec mes actions; si je pratique l'équité sans l'avoir dans le cœur, quelle contrainte! si je commets l'injustice par un penchant du cœur, quels reproches de la Raison! Il me dit que si je ne suis pas en paix avec moi-même, je ne puis l'être avec lui; quelle bonté! il me punit de ce que je ne m'aime pas moi-même, quelle justice! Enfin il me fait le portrait de l'avare, de l'impie, du voluptueux; il me découvre ce qu'ils pensent dans leur cœur.

Je n'entreprens point de renfermer dans ce Chapitre toutes les preuves de la Religion, ni de la démontrer en forme; elle est presque toute soumise à la Foi & non à la Raison. Quand ma Raison me fait connoître une Divinité qui n'est point aveugle, cette même Raison tire cette conséquence toute naturelle que je dois me soumettre à tout ce que Dieu me dit, quoique je ne le comprenne pas: elle me fait rechercher si ce Dieu a véritablement parlé, & quand des faits me l'ont suffisamment prouvé, quand ils m'ont appris, qu'il y a une Révélation, avec autant de certitude que je sais qu'il y a une ville de Rome, un pays appelé la Chine, c'est une contrarieté avec le bon sens que de douter.

Toutes les bisarreries des Sectes & des coutumes ne font rien à la Foi, si de tout ce qu'on en conclut on n'en peut tirer qu'incertitude, au lieu d'une démonstration contraire à la Foi.

Un Auteur dit, toutes les Sectes sont différentes, parce qu'elles viennent des hommes, la Morale est partout la même, parce qu'elle vient de Dieu. Cette Morale est le fondement de toute société, par conséquent point de société sans elle.

Tous les hommes doivent concourir au bien commun comme à leur bien particulier, ils ne doivent point préférer l'un à l'autre, la Morale divine leur donne cette leçon. Le sentiment intérieur la leur donne aussi ; ce sentiment vient du Créateur, qui ne nous a rendus sensibles que pour cela.

Sans Religion point de société, parce que point de Législateur ; point de Maître à craindre, parce que point de Maître qu'on ne puisse tromper, point de Morale.

S'il y a des vérités morales reconnues de tous les hommes ; il y a une vraie Religion quelque part où elle soit, c'est celle où cette Morale se trouve dans sa pureté.

Entre plusieurs Sectes où se trouve la même pureté de Morale, la plus ancienne est la meilleure, parce que ses dogmes partent immédiatement du Législateur. S'il plaît ensuite au Législateur légitime d'ajouter encore quelque chose de plus parfait, ou quelque dogme particulier, je dois encore y demeurer attaché.

Quand quelque Secte particuliere prétend être le plus intimement attachée à la saine doctrine, elle doit alors me prouver par démonstration que cette doctrine est précisément la même que celle du Legislateur.

Enfin s'il y a un culte de l'Etre suprême parmi les hommes, quel qu'il soit, il est un effet de la crainte ou de l'espérance d'une vie future. Cette crainte & cette espérance sont des mouvemens de l'âme, ce sont des sentimens qui ne sont point fortuits en l'homme, ils n'y sont que pour sa conservation, celui qui les y a mis a voulu qu'ils produisissent cet effet.

Tout culte qui n'est pas conforme à la Raison & à la dignité de celui à qui on le rend est un faux culte.

Où je trouve la Morale dans toute sa pureté, là je dois aussi trouver des leçons du vrai culte.

Source de l'incrédulité. Considérons un moment ce qui éloigne les hommes de croire & de pratiquer la Religion. C'est tout ce qui les détourne de l'équité naturelle, & qui les engage à s'approprier ce qui est commun à toute la société; des passions impétueuses & brutales qui causeroient une subversion totale de toute société, si dans cette vie un homme pouvoit ne pas dépendre de l'autre. L'Amour, l'Ambition, l'Avarice, l'Envie, la Vengeance sont les premieres passions qui nous font chercher à secouer le joug d'une Religion qui leur est contraire. On remarque que tant que l'homme en est exemt, il soumet sa raison avec assez de docilité. Si d'aussi mauvais guides nous font écarter du chemin, il y a tout lieu de s'en défier.

En effet un jeune homme en qui ces passions ne sont pas encore allumées, qui jouit d'une Raison paisible, ne cherche point encore à quitter un fardeau qu'il n'a point senti; il ne doute point, parce qu'il n'a aucun intérêt de douter. Mais lorsque ces séditieuses viennent exciter une guerre entre l'esprit & le cœur, le plus fort l'emporte : la Raison crie toujours, on impose silence à ce censeur, on le corrompt aisément quand on est parvenu à le faire douter ; incertain de ce qu'il doit prononcer, il abandonne sa jurisdiction. D'ailleurs les passions ont toujours le secret de lui en imposer en l'offusquant. Enfin la Raison n'a plus d'espérance de rentrer dans ses droits, que quand l'âge aura ralenti l'impetuosité des passions, encore n'est-ce que quand elle ne s'est pas habituée par la fréquentation des objets, à penser qu'elle ne se trompe point. Voilà les preuves qu'une Morale bien dirigée peut fournir de la Religion après celle que fournit une étude sérieuse de son Histoire bien constatée. Passons aux motifs qui rendent nos actions solidement vertueuses.

CHAPITRE II.

Fondemens de la Morale.

PUISQUE notre âme unie à un corps se sent obligée de rechercher ce qui peut entretenir cette alliance & qu'afin qu'elle se portât avec plus d'ardeur à cette recherche, l'Auteur de la nature a voulu attacher du plaisir à la possession de ce qui en fait l'objet, & de la douleur à la privation de ce bien, rien de plus naturel à l'homme que ses passions.

_{Les Passions sont bonnes & naturelles à l'homme.}

La possession de ce que nous recherchons dépend ou entièrement de nous, ou absolument d'une cause étrangere.

Si cette possession dépendoit toute de nous, elle suivroit de près nos désirs, & le mouvement de l'âme seroit direct ; si au contraire nous ne pouvons posseder un bien, que par l'entremise de quelque autre cause ; il faut que nous passions par tous les degrés qui nous conduisent à cette fin ; & de là les divers replis de notre cœur.

Mais la possession d'aucun bien ne sauroit dépendre absolument de nous ; elle dépend donc d'une cause générale ou particuliere.

Sur quoi sont fondés les devoirs de l'homme envers Dieu.

Quelle que soit cette cause, elle est elle-même un bien. Or il est à remarquer qu'à mesure que nous approchons plus promptement de l'objet recherché ou désiré, plus la considération de cet accès est un bien sensible, plus cet objet est approché de nous par la cause étrangere, & plus nous aimons cette cause, qui excite en nous l'espérance d'une promte satisfaction. Cette cause est donc un *bien* au delà de l'objet même vers lequel nous nous portons ; cette cause bien-faisante qui agit pour nous, plus excellente que ce qu'elle nous procure, est digne d'un plus grand amour ; & cette considération s'appelle *reconnoissance*.

Voilà sur quel fondement nous sommes redevables au Créateur de l'espérance d'un bien qui doit s'étendre au de-là des objets sensibles dont il est la cause générale.

Si la cause qui nous procure un bien est une cause particuliere, elle dépend de cette cause premiere ; elle lui est inférieure. Si elle est notre égale en pouvoir, si elle nous est parfaitement semblable, l'Auteur de la nature l'a voulu ainsi ; & pour conserver cette égalité, il veut que ce qui nous fait plaisir dépende autant d'elle, que le

Fondement de l'équité humaine.

bien, que nous pouvons lui procurer, dépend de nous ; & voilà le fondement de l'équité humaine qui prend sa source dans ce que nous devons au Créateur, & qui n'est autre chose que l'ordre & l'arangement des parties d'un tout égales entr'elles.

Ce qui porte les hommes à violer les loix de l'équité.

Depuis la premiere rupture de cette harmonie, dont la cause n'est connue que de la Providence, la considération de cette égalité n'a plus été assez forte pour retenir l'homme dans le devoir, parce que l'impétuosité de ses desirs étant devenue plus forte que sa Raison, il arrive souvent que celle-ci est obligée de leur céder, de sorte que l'âme, pour satisfaire à sa cupidité, est obligée de s'approprier tout au préjudice des autres.

L'Orgueil.

C'est ainsi que l'Orgueil, enfant de l'amour propre qui est le principe de toutes les passions, nous

SUR LE CŒUR HUMAIN. 195

porte à passer les bornes prescrites en nous élevant au-dessus de nos égaux. Le sentiment que l'âme a de sa foiblesse, fait que si elle voit dans les autres quelque chose capable de contrebalancer ses desirs & de rétablir le premier équilibre entr'elle & ses semblables, cette considération produit en elle un mouvement de haine, un désir violent de voir déprimer ce qui l'égale ou ce qui la surpasse aussi bas qu'elle le voit élevé : telle est *l'envie* qui n'est qu'un orgueil impuissant.

L'envie.

Ces deux monstres sortis de l'enfer ravageroient le monde, s'ils avoient des yeux, l'un ne s'éleveroit que par des moyens sûrs, s'il savoit en faire choix. L'autre n'attaqueroit que la vertu s'il savoit la discerner, il la combattroit continuellement, si souvent il ne méconnoissoit pas son ennemie, & si ses coups ne

I ij

portoient pas ordinairement à faux sur des fantômes.

Ainsi, pour parler sans figure, la Providence met de continuels obstacles aux déréglemens de notre amour propre ; plus il veut être indépendant & plus il sent son impuissance : notre orgueil est sans cesse opposé à celui d'un autre, & l'Envie à l'Envie.

L'égalité proportionnée, subsiste toujours entre les hommes.

Si un homme veut s'élever au dessus de l'autre, il a besoin de son suffrage : si le fort veut opprimer le foible, celui ci détruit son adversaire par les menées sourdes de l'envie ; si celle-ci dresse des embuches, on lui oppose la force. Ainsi le mal moral, effet du mauvais usage de notre liberté, est détruit par le même mal ; l'ordre établi par le Créateur subsiste, malgré les efforts que l'homme fait pour le renverser

Il est continuellement forcé

de reconnoître que ce qui peut lui faire plaisir dépend d'un autre à qui, pour être heureux, il doit rendre la pareille. L'égalité de notre condition se fait toujours sentir, & la crainte d'un semblable aussi puissant que nous, modere notre cupidité. Ainsi notre orgueil nous fait flater celui dont nous voulons obtenir des louanges, & notre Envie, pour être moins odieuse à ceux qui nous surpassent, prend le nom d'Emulation. La crainte d'être taxés d'avarice nous fait faire des largesses : nous rendons justice aux autres, afin qu'on nous la fasse : nous cédons de légers avantages pour en avoir de plus grands : nous donnons libéralement pour avoir la satisfaction d'obliger.

Enfin toute inégalité entre les hommes n'est qu'apparente : les subordinations établies par un consentement tacite des nations ne la détruisent point : tout est égal dans l'essence de l'humanité; tout est compensé dans ce qui est accessoire. L'autorité du Prince du Seigneur, du Pere, dépend de l'obéïssance des sujets, des vassaux, des enfans. Leurs soins sont payés par les respects de ceux qui leur sont soumis. Celui qui veut des louanges donne autre chose en échange : celui qui est élevé au plus haut point de grandeur est redevable de sa gloire aux hommes même de la plus basse condition, il a besoin d'eux pour y parvenir, & il n'est grand que parce qu'ils s'abaissent.

Tels sont les liens de toute societé & le fondement des loix humaines qui établissent tous ces rapports. Ceux qui se conforment à ces réglemens par toutes les considérations, dont nous venons de parler, pratiquent la vertu sans être vertueux; parce qu'ôtez ce frein ils cesseront de faire leur devoir : ils sont gênés, cette gêne est pour eux un mal qu'ils éviteroient, s'ils mettoient leur amour propre à la raison. Ils rendent service aux autres pour acquérir sur eux un dégré de supériorité & de considération. Ils cherchent la gloire & ne la trouvent point. L'Envie tourne leur ostentation en ridicule, parce qu'on les sait satisfaits des obligations qu'on doit leur avoir. Leur amour propre leur fait des ingrats : les voilà malheureux par la malice d'autrui : ils ont couru vainement après de la fumée aux dépens du réel qu'ils ont sacrifié. Celui au contraire qui rend service à un autre, ou par principe de Religion, ou du moins en considération de l'égalité fondamentale, dont nous avons parlé plus haut, sans se soucier si on lui en sait gré, sans prétendre

I iv

s'en prévaloir, brave l'envie de ceux qui veulent ternir la gloire de ses actions : comme elle n'est point son unique but, il ne se soucie pas qu'on la lui ravisse, il n'est point malheureux pour être privé de ce qu'il ne regarde que comme une suite de la vertu, & non comme sa récompense.

CHAPITRE V.

De la Présomption.

La Présomption est fondée sur les préjugés.

Préjugés de l'esprit.

LA Présomption est un effet de l'amour propre qui nous persuade que nous avons plus d'esprit, de mérite & de bonnes qualités naturelles, que les autres. Elle est entée sur les préjugés. Comme il y a des préjugés sur les objets de l'esprit, je veux dire sur les connoissances; il y a aussi des préjugés du cœur, c'est-à-dire, sur tous les objets qui peuvent toucher le sentiment. Ces derniers viennent ordinairement du peu d'attention que fait notre âme à tout ce qui excite en elle des desirs. Les objets de ses connoissances renfermés dans les sciences, lui étant plus indifférens, sont examinés avec plus de rigueur & de tranquilité. Par conséquent lorsque l'habitude n'a pas fait des préjugés de l'esprit notre opinion favorite, ils sont plus aisés à dissiper que les préjugés du cœur, qui nous sont toujours chers ; parce qu'ils nous flattent.

Les préjugés de l'esprit sont plus faciles à dissiper que les préjugés du cœur.

Ceux-ci ne sont autre chose que l'attachement de notre cœur à des objets, dont nous regardons la possession comme un bien, soit par elle-même, soit par l'idée que les autres hommes y ont attachée.

Ou cette idée est chimerique,

ou elle est bien fondée. Elle est bien fondée quand ce qui en est l'objet nous affecte immédiatement, comme tout ce qui peut flatter nos sens, satisfaire nos besoins ou nous procurer les commodités de la vie : cette idée est chimérique quand elle a pour objets des choses qui par elles-mêmes n'ajoutent rien à notre félicité & ne tendent qu'à satisfaire la *Vanité*, *l'Ambition*, ou *l'Avarice*.

<small>En quoi consiste la vanité.</small>

Ces choses néanmoins servent, pour ainsi-dire, d'assaisonnement au bien-être que nous cherchons : elles sont très-souvent le motif secret, qui nous fait agir, parce que nous pensons qu'elles peuvent nous mettre plus à portée de nous satisfaire & de nous élever au-dessus des autres en leur faisant concevoir de nous une haute opinion. Le voluptueux, par exemple, aime les plaisirs, rien de plus naturel: mais s'il ajoute au sentiment agréable qu'ils excitent en lui, la satisfaction de penser que plusieurs souhaiteroient avoir le même avantage; cette considération est une pure vanité, qui dans le fond n'ajoute rien à son bonheur. Il en est de même des autres objets de notre attachement. On ne peut s'empêcher d'être touché de l'éclat de l'or & des pierreries, puisque ce sont des objets naturellement faits pour plaire aux yeux: mais il y a de la vanité à s'imaginer, que la possession de ces biens ajoute quelque chose au mérite personnel, & nous donne sur les autres quelque supériorité. Cette fausse idée est cause qu'on veut avoir des témoins de la somptuosité de ses repas, de la magnificence de ses meubles & de ses bâtimens, & que, par un excès de dépravation, on se vante de ses débauches. Enfin la vanité des plaisirs, des richesses, des honneurs, excitée par l'admiration des Spectateurs, qui nous croient beaucoup plus heureux que nous ne sommes, fait que, plus ils se trompent, & plus nous voulons leur en imposer, & que nous entreprenons d'un air content d'immenses travaux pour le leur faire croire. Un Conquérant fait la guerre à cent peuples divers, pour persuader qu'il peut tout ce qu'il veut ; un Voluptueux se divertit avec éclat ; le Commerçant amasse des richesses & mesure son mérite à son revenu. Il est certain qu'ils ne prendroient pas tant de peine, si tout le monde pensoit d'eux sagement. Si l'on considéroit que toutes ces faveurs de la fortune nous exposent au mépris des spectateurs éclairés & indifférens & à l'envie de ceux

Combien il est important le savoir discerner les vrais biens des faux.

à qui notre orgueil oppose ce faste comme un rempart qui ne laisse aucun accès auprès de nous; si ce même orgueil ne nous faisoit pas des flateurs qui nous dupent pour obtenir de nous des graces en échange de leur fumée, qui nous sifflent tout bas, & le feroient tout haut dans l'adversité ; nous n'aurions pas tant d'ardeur pour des biens si peu solides. Si nous faisions réflexion que les hommes nous respectent, nous admirent & feignent de nous aimer, parce qu'ils attendent de nous les biens qui leur manquent ; nous verrions que l'unique moyen de s'en faire aimer sincérement, c'est de leur faire du bien par pure générosité, sans les obliger à se mettre à la gêne pour flatter & ménager notre amour propre. Nous connoîtrions nos vrais intérêts, & puisque nous désirons tant de nous élever au-dessus des autres, nous aurions trouvé le véritable secret de dominer sur les cœurs, & le chemin de la véritable grandeur. C'est sur ces réflexions qu'il faut souvent arrêter un jeune-homme dans l'occasion. Mais on n'en feroit encore qu'un ambitieux, si on ne lui faisoit pas remarquer que la gloire ne doit point être le motif qui le fasse agir en faveur des autres hommes ; mais la bonté du cœur & l'amour de son devoir.

Pour guérir la présomption il faut dissiper les préjugés

En donnant les moyens d'écarter les préjugés, j'ai donné ceux de guérir la présomption. Car si on peut une fois faire connoître à l'homme sa foiblesse, combien les qualités de son esprit sont bornées, combien ses connoissances sont resserrées, il saura à quel point son cœur est susceptible d'illusion, il apprendra à s'en défier, & les remedes qu'on aura employés à guérir les maladies de l'esprit agiront sur la volonté. Il faut faire connoître aux jeunes-gens, que la présomption est comme une espéce de fumée qui monte au cerveau & cause des rêveries qui font rire les spectateurs ; que l'ostentation des qualités du corps les fait mépriser ; que celle des qualités de l'esprit excite l'envie, quand elles sont réelles, & couvre de ridicule si elles sont fausses ; enfin que les bonnes qualités du cœur découvertes avec trop de faste font à tout le monde un espéce de reproche injurieux. Les premieres doivent paroître sans affectation, les secondes doivent s'annoncer avec modestie, enfin il faut que les dernieres se fassent sentir sans exciter la jalousie, & qu'elles servent à faire aimer en nous tou-

Bon usage des biens de la fortune.

tes les autres. Quant aux avantages de la fortune, ils doivent être comme des ajustemens qui ne donnent pas la beauté, mais seulement en rehaussent l'éclat. Il faut que l'usage que nous en faisons force l'envie même d'avouer qu'ils sont bien dans nos mains. Voyons maintenant combien une habitude contraire à ces préceptes est opposée à nos véritables intérêts.

CHAPITRE VI.

De la prévention du cœur. Combien elle aveugle les hommes sur leurs véritables intérêts.

IL n'y a pas bien loin de la préfomption à la prévention du cœur, l'une est une complaisance aveugle pour tout ce que nous sommes, & l'autre pour tout ce que nous faisons ou voulons. La préfomtion est une ivresse, & la prévention une folie : l'une croit voir ; l'autre ne veut pas même examiner : la premiere se croit en possession de la vérité, la seconde lui fait injure ; elle est sa mortelle ennemie & le plus grand obstacle que cette vérité ait à vaincre chez les hommes. La prévention vient ou du

Deux sources de la prévention : l'ignorance & les passions.

peu de lumiere de l'esprit qui favorise les ténébres du cœur, ou de la violence des passions qui offusquent la raison la plus éclairée.

Quand elle vient du défaut de lumieres, elle cesse aussi-tôt que l'obscurité est bannie, pourvu qu'on ait soin de l'écarter de bonne heure avant qu'elle passe en habitude. Mais quand l'ignorance est devenue une seconde nature, ou bien lorsque le cœur est accoutumé à suivre les loix de l'erreur, il est bien difficile de guérir la prévention; parce qu'on n'est pas en état de voir la vérité, ou que si on la connoît on n'a pas la force de la suivre.

Si la prévention du cœur vient des passions; tant qu'elles sont si violentes qu'elles ôtent toute réflexion, ou que leur force, quoique ralentie, est encore supérieure à celle de la Raison, il seroit inutile d'entreprendre d'y apporter remede. C'est dans les momens que ces passions donnent quelque relâche que les hommes doivent travailler à la bannir. Si pendant ce calme ils font réflexion sur les efforts violens qu'ils sont obligés de faire pour étoufer la voix de la Raison qui les condamne; sur le trouble que leur cause une perte légere, sur les tourmens que font souffrir la colere, le desir de la vengeance, la jalousie, l'avarice, sur le tort que les débauches font à leur santé & à leur réputation ; enfin sur sur tout ce qu'une passion trop tendre traîne après soi de chagrins & d'inquiétudes ; si, dis-je, ils considerent tout cela de sang froid, ils conviendront aisément que les biens imaginaires, qu'ils recherchent avec tant d'ardeur, ne valent pas la peine qu'ils causent.

Attaquer ce défaut dans le silence des passions.

Moyen d'en garantir la jeunesse.

Pour garantir un jeune homme de la prévention du cœur, il faut rompre dès la plus tendre enfance l'habitude que pourroit former une inclination dominante. Dans un âge plus avancé on doit le conduire par raison; lui faire connoître le faux dans les objets des passions, le faux dans les pensées & dans le cœur des autres hommes. Il connoîtra le faux dans les objets, s'il a l'esprit bien cultivé.

Quant aux fausses pensées des hommes qui naissent des mouvemens de leurs cœurs, il en découvrira bien-tôt le foible, si on lui fait faire dans l'occasion les réflexions que je vais proposer sur les fausses démarches que font les hommes pour se rendre heureux.

Les hommes s'écartent de la route qui conduit au bonheur.

Il n'y a point d'homme qui ne recherche l'estime, l'amitié, ou le respect des autres hommes; qui ne se donne tous les mouvemens possibles pour acquerir des honneurs, des dignités, des richesses; qui ne chérisse même les douceurs du repos, de la santé & de toutes les commodités de la vie; qui n'admire la vertu.

Tous recherchent avec empressement ces biens précieux; presque tous se trompent dans les moyens qu'ils prennent pour les acquérir.

Commençons par l'homme vain & ambitieux : Il veut être estimé de tout le monde, même de ceux qu'il méprise & des personnes les plus viles; il faut donc que malgré son orgueil il ait conçu une haute idée de l'âme de son semblable. Tous les hommes, de quelque condition qu'ils soient, peuvent lui accorder ou lui refuser cette amitié, cette estime qu'il recherche avec tant d'ardeur ; mais le dédain qu'il fait paroître à leur

L'Ambitieux.

égard, en faisant trop valoir des avantages étrangers de la naissance ou de la fortune, ne doit-il pas indisposer contre lui ceux de qui il attend son bonheur ? Ils viennent pour commercer avec lui de cette marchandise précieuse ; ils lui offrent leur cœur & l'attachement le plus affectueux pour obtenir en échange quelques légeres faveurs qui dépendent de son crédit. Ne peut-il pas les payer du moins d'un regard favorable, les recevoir avec un air de bonté & des manieres affables, ou leur faire un refus obligeant, s'il ne peut accorder ce qu'ils demandent. Mais ils ne trouvent qu'un Faquin présomptueux qui les traite avec une hauteur insuportable, & tandis qu'ils rampent servilement sous lui ils le détestent dans le cœur & le trompent par les faux dehors d'une soumission forcée, qu'il prend pour des respects sincéres.

C'est ainsi que l'ambitieux n'a que l'ombre d'un bien pour lequel il seroit prêt de sacrifier tout; parce qu'il ne sait pas que la Raison, de qui ce bien dépend, veut être traitée avec honneur dans tous les hommes.

Le Négotiant intéressé. Ce Marchand avide vend tout à un prix excessif, il veut s'enrichir avec précipitation; mais sa mauvaise foi est bientôt reconnue, il perd la confiance du public & se ruine par la mauvaise voie qu'il prend pour s'enrichir. Cet autre qui prête à gros intérêt s'expose à des banqueroutes qui ruinent sa Fortune. *Le Magistrat.* Ce Magistrat veut parvenir aux premieres places; l'intégrité en est le plus court chemin. Cependant pour se faire des amis, il commet des injustices odieuses même à ceux à qui elles sont utiles, qui bien loin de lui servir, nuisent à sa réputation & le font tomber dans un mépris général.

Le Courtisan. Ce Courtisan est un lâche flateur qui plaît quelque tems au Prince; mais que devient-il lorsqu'il est comparé à ceux qui rendent des services réels à l'Etat ? Ce Gentilhomme est d'une grande nais-

Le Noble. sance ; je me forme une haute idée de sa personne; mais ouvre-t-il la bouche, je ne trouve qu'un brutal, un ignorant entêté de ses vieux parchemins & qui me méprise : est-ce là, m'écriai-je, cet homme en qui je croyois que la noblesse étoit la récompense de la vertu ? Il me dit ce qu'il est avant que ses maniéres m'en ayent persuadé; dois-je croire ce qu'il dément ?

Le Savant. Ce rare Génie, dont les ouvrages font les délices du public, & qu'on va voir par curiosité; devroit être d'un accès facile; d'un d'un commerce doux & liant, savoir se mettre à la portée de tout le monde, en un mot être aussi grand par son mérite personnel que par celui de ses écrits : telle est l'idée que je m'en forme. Je me trouve en sa compagnie, & je ne vois en lui qu'un homme rempli d'une haute opinion de lui-même & de sa réputation, dédaignant ceux qui ne l'égalent pas en génie, un capricieux qui ne répond que par monosyllabes aux questions qu'on lui fait, à dessein de profiter de sa conversation. Il n'est pas étonnant qu'il ait tant d'envieux & d'ennemis. Il ne peut avoir toute sa réputation qu'après que le trépas la lui a rendue totalement indiférente. Est-il possible qu'il n'en sache pas mieux jouir pendant sa vie, & qu'il ne considére pas qu'il n'y a que ceux qui recherchent notre amitié & notre esti-

K

me, parce qu'ils nous croient dignes de celle de tout le public, qui puissent nous faire goûter ce qu'il y a de plus flateur dans une grande renommée. Est-ce dans le fond de notre cabinet que nous pouvons en jouir ? Vous avez travaillé pour vous faire considérer; & vous êtes haï de ceux qui vous connoissent particulierement.

Le mauvais plaisant. Un railleur, un médisant qui aime mieux perdre un ami qu'un bon mot, divertit un moment une compagnie par ses saillies piquantes; mais c'est aux dépens d'autrui & aux siens propres. Il devient odieux à ceux à qui il vient de plaire : c'est un indiscret à qui personne ne se fie. Que ne prenoit-il garde qu'en découvrant les défauts des autres, il fait connoître son mauvais caractére.

Une Coquette voit à ses piés

une foule d'adorateurs, & n'a pas un amant qui l'aime véritablement. Le retour de l'âge l'oblige-t-il à prendre un époux en qui elle ne trouve plus les mêmes complaisances, sa jalousie & sa mauvaise humeur la rendent insupportable : elle essuie de mauvais traitemens qu'elle s'attire par ses manieres brusques & fantasques.

Cet homme délicat à qui tout déplaît, aime son repos & toutes ses aises, gronde continuellement ses domestiques pour le plus léger sujet, trouve-t-il la tranquilité qu'il cherche ? *L'homme délicat.*

Je ne finirois point si je voulois passer en revue tous ceux qui ne savent ménager ni parens, ni amis, ni fortune, ni paix, ni santé, malgré l'attachement qu'ils paroissent avoir pour toutes ces choses ; parce que leur prévention & leur entêtement leur fait faire tout à rebours.

CHAPITRE VII.

Caracteres généraux du cœur selon le naturel & selon l'habitude & les vicissitudes de la vie.

POur connoître plus particulierement les illusions dont notre cœur est susceptible, & la variété prodigieuse de ces illusions, il faut en juger par les effets de l'amour-propre qui en est le premier mobile. Cet amour-propre plus ou moins agissant selon la diversité des tempéramens, dirigé par une Raison plus ou moins éclairée, & plié diversement par les habitudes, par toutes les causes générales ou particulieres qui le meuvent, est un Protée qui prend mille formes différentes. Tantôt c'est un vil

L'amour propre est la source des illusions du Cœur.

esclave, tantôt c'est un maître fier & impérieux : ici c'est un Renard, là c'est un Lion; il prend autant de formes qu'il a de ménagemens à garder. Voyez ce Grand près du Souverain, & dans son domestique : diriez-vous que c'est le même homme. Il rentre chez lui pour dépouiller cette bassesse affectée qui le faisoit ramper sous son maître: il reprend son orgueil naturel & traite les autres comme il vient d'être traité lui-même. Comment se peut-il faire qu'un tel homme se gêne si lontems en présence du Prince.

Encore une fois l'amour de nous-mêmes est proportionné à l'étendue de nos connoissances & à la manière dont nous envisageons les biens. Dans l'homme d'un tempérament vif & bouillant, il est ambitieux, si la fortune le met à portée de se faire valoir par tout ce que les autres hom-

Effets de l'amour-propre dans un homme vif, & rélativement aux différentes conditions.

mes estiment ou admirent. Il n'est rien qu'il ne fasse, rien de si difficile qu'il n'entreprenne, pour se faire applaudir. Dans un moindre dégré d'élévation, mais au dessus du médiocre, il est fastueux ou hautain, libéral envers qui le flate & prodigue par vanité. Dans la plus basse condition même, aussi bornée par ses vues que par ses moyens, ce même amour-propre se fait valoir par des avantages corporels tels que la force, l'agilité, l'adresse, &c. Un Charetier est aussi fier, quand il conduit habilement une charette, qu'un Seigneur qui monte bien un cheval. Ce qui a fait dire à quelqu'un que si César eût été Paysan, il auroit fait consister la gloire à être bon Coureur, ou Luteur robuste. Un Artisan à son atelier fait valoir sa dextérité, ou la matiere de son art, ou son ouvrage : il regarde le tablier qui le couvre comme un ornement.

Sous un vil tablier l'Artisan se pavane,
Le Prêtre s'applaudit dans sa docte Soutane,
Le Moine de son Froc se couvre gravement.
POPE, *Essai sur l'Homme.*

En un mot nous trouvons toujours, dans les illusions que nous nous faisons sur ce qui nous regarde, & dans la vanité de nos pensées, de quoi nous faire honneur des plus petites choses. Lorsque l'habitude a fortifié en nous ces opinions, il n'est pas étonnant que nos inclinations s'y conforment.

L'homme modéré.

Si vous passez successivement d'un tempérament plus vif, à un plus modéré, vous le trouverez encore sujet à des passions toutes différentes. Au lieu qu'un homme vif est impétueux dans ses desirs, peu circonspect dans les moyens qui le conduisent à ses fins; un autre d'une humeur moins bouillante sera plus timide & plus avisé, il prendra des mesures mieux concertées. Si la crainte de ne pas réussir ne l'emporte pas sur l'espérance, cet homme est dans un juste milieu : il sera également propre au conseil & à l'exécution ; il prendra des moyens moins violens que le premier, & peut-être plus équitables. Un homme au contraire que le tempérament aura rendu d'une humeur trop timide, & en qui la crainte l'emportera toujours de beaucoup sur l'espérance, prendra des moyens plus obliques. En général l'espérance & la crainte sont les deux mobiles qui font agir les hommes, elles sont toujours proportionnées à nos forces. Une âme grande & élevée envisage toujours moins de difficultés, qu'une âme basse. Trop ou trop peu de réflexion, dans un éloignement égal du juste mi-

L'homme timide.

lieu, produit le même effet dans le cœur.

Un étourdi, & un homme trop lent prennent également une fausse route dans la poursuite du bien ; ils ne diferent qu'en ce que l'un agit avec éclat, & l'autre sourdement. Il est des hommes qui, quoique de caracteres très-différens, ne sont sensibles qu'au présent. Celui qui ne réfléchit jamais par légéreté & par foiblesse d'esprit, comme celui qui ne refléchit point par pesanteur, tous deux également ne jouissent des choses que par occasion. L'un est mou, sans souci, désintéressé par distraction ; l'autre par paresse, & tous deux par incapacité. Si quelquefois la crainte les inquiéte, vous verrez l'esprit foible dans le trouble, & l'autre légerement ému, à moins qu'un danger proportionné à son indifférence ne vienne l'émouvoir : alors

L'étourdi & le stupide.

K v

l'un prend trop de précautions, & l'autre pas assez.

Juste milieu entre ces deux caractéres.

Un homme capable de réfléchir également sur le présent & sur l'avenir, est le seul qui sache les ménager l'un & l'autre. Celui, par exemple, qui sait jouir du présent & craindre l'avenir avec modération, sait également user de sa fortune & la ménager sans en être l'esclave. Il est en garde contre les accidens de la vie, il épargne dequoi s'en garantir, sans se priver actuellement d'un honnête usage de ce qu'il a acquis par son travail. L'expérience du peu de sincérité de la plupart des hommes fait qu'il use avec eux d'une prudence équitable ; il les ménage sans bassesse ; il dissimule à propos une injure dont il sait tirer avantage. Persuadé de ce qu'il doit à son Auteur il l'adore sans superstition, parce que son cœur eſt droit. Voilà l'homme éconôme, prudent & religieux.

Entre un ſi beau caractere & les deux oppoſés, vous en trouvez d'autres, qui n'aiment le préſent que par la crainte de l'avenir. Ce ſont ces âmes intéreſſées, qui veulent s'aſſurer de cet avenir par une poſſeſſion toujours préſente : elles ont toujours une crainte ſervile des accidens futurs de cette vie : elles ſe livrent aveuglément à tous les apas de la fortune. Un homme de ce caractere eſt peu délicat ſur les moyens de s'enrichir ; ſon attachement au bien préſent l'emporte toujours ſur les remords de la conſcience. Si quelquefois elle l'inquiete ; il l'appaiſe en la flattant toujours de l'eſpérance de la ſatisfaire, ſans en venir jamais à l'exécution. Eſt-il étonnant qu'un tel homme ſoit fourbe, avare, hypocrite? La crainte immodérée de l'indigence s'accorde aussi peu avec le désintéressement & la bonne foi, qu'une faim violente avec la tempérance. En un mot tout homme possédé de l'avarice, ou de quelque autre passion violente, foule aux piés dans son cœur toute Religion, ou s'en forge une idée monstrueuse, qui le rend hypocrite ou superstitieux.

Il est vrai que les couleurs du tableau que je trace ne sont pas également vives dans tous les sujets; parce que les passions ne sont pas au même dégré dans tous les hommes. Il faut donc en diminuer les teintes, à proportion des tempéramens, de l'étendue des connoissances, & des diverses conditions.

Tous les hommes sont en mouvement pour parvenir à la possession des choses qu'ils regardent comme des biens & comme les instrumens de leur bonheur. Demandez à la plûpart pourquoi ils entreprennent tant de travaux ? ils seroient dans l'ordre s'ils répondoient, c'est pour le bien de la Société : mais ils vous répondront, que c'est pour vivre. Hé bien, (*a*) leur dirois-je, jouissez donc tranquilement du fruit de vos peines.

(*a*) Denique sit finis quærendi ; cumque habeas plus
Pauperiem metuas minùs ; & finire laborem
Incipias, parto quod avebas . . . .
. . . .
. . . .

At bona pars hominum decepta cupidine falso,
Nil satis est, inquit ; quia tanti, quantùm habeas, sis.
. . . .
Sic festinanti semper locupletior obstat :
Ut cum carceribus missos rapit ungula currus ;
Instat equis auriga suos vincentibus, illum
Præteritum temnens extremos inter euntem.
Indè fit, ut rarò, qui se vixisse beatum
Dicat, & exacto contentus tempore, vitâ
Cedat uti conviva satur, reperire queamus.
Hor. l. I. Sat. I.

lorsque vous êtes une fois parvenus à cette honnête médiocrité qui doit vous suffire. Mais ils n'en ont jamais assez, parce que l'amour-propre a ses chimeres qu'il faut contenter. Ces chimeres sont tous les faux biens que les hommes se forgent, ou les vrais biens, dont ils jugent de travers. La gloire, par exemple, qui est la récompense de la vertu, sous combien de fausses idées ne se trouve-t-elle pas déguisée ? Les plaisirs, qui n'ont rien que de funeste & d'amer, lorsqu'ils ne sont pas assaisonnés par un usage modéré & légitime, en combien de manieres ne sont-ils pas empoisonnés par la débauche ? Combien de fois les richesses, qui devroient être l'instrument de tous les autres biens, sont-elles le seul obstacle qui les éloigne ? Combien d'hommes, en un mot, s'égarent dans la route qui conduit au bonheur, en prenant les moyens pour la fin?

Expliquons maintenant les effets du mélange des habitudes de l'Intelligence & de la Volonté. Si la *Vertu* est réunie à la *Science*, (je suppose toujours le cœur d'accord avec l'esprit,) vous aurez un homme sans folles passions, guidé par les lumieres d'une Raison éclairée. Il n'aura de penchant que pour le vrai; son cœur en suivra aisément les impressions. Si quelquefois cependant prévenu par l'illusion des sens, ou entraîné par l'exemple & par le suffrage que le vulgaire donne à mille faux biens, il s'y livre pour quelques momens; il en connoîtra toujours le faux. Rendu à lui-même il sentira bien-tôt qu'il n'y a rien de solide dans l'enchantement qui fascine les yeux de la plû-

Effets du mélange des habitudes de l'esprit & du cœur.

La Vertu & la Science.

part des hommes. S'il a quelques foibleſſes, elles ne ſont que momentanées. Quoique ſon cœur ſe mette à couvert de la ſurpriſe, tout indifférent qu'il eſt pour ce qui ne s'appelle pas vrais biens, il ſait en tirer parti, & ſe conformer, par une complaiſance légitime, aux caprices de ceux qu'il n'eſt pas en ſon pouvoir de déſabuſer. Il a toujours l'avantage réel d'être utile à la Société en ſe meſurant aux foibleſſes des autres, ſans les flatter.

La Vertu & l'Opinion.

Si la *Vertu* ſe trouve jointe à un eſprit rempli d'*Opinions* ; tant que ces opinions ne ſeront point fauſſes, l'homme agira d'une maniere convenable. Mais s'il donne dans de fauſſes opinions, ſon cœur n'ayant plus le vrai pour guide, il eſt à craindre qu'il ne s'égare. C'eſt ainſi que des perſonnes très-vertueuſes peuvent faire de grandes fautes, ſans être absolument coupables. Elles agissent conformément à leurs lumieres ; trompées par de fausses aparences elles donnent dans le travers. C'est ce qui fait que, quand on juge de ces personnes par l'extérieur de leurs actions, on prononce souvent avec témérité. Si de telles personnes se trouvent peu capables de distinguer les bonnes preuves d'avec les mauvaises, il sera aisé de les surprendre, & de les prévenir sur bien de choses. Mais lorsqu'elles s'apperçoivent qu'elles ont été trompées, elles tombent dans l'incertitude. Un homme qui flotte ainsi entre deux extrémités, tantôt défiant, tantôt crédule, est chagrin, peu liant dans la Société, quoiqu'avec un fond de mérite.

Comme il n'y a pas bien loin de l'opinion à l'erreur ; si un homme vertueux y est une fois livré, *La Vertu & l'Erreur.*

il tombera encore plus fréquemment dans les mêmes fautes que le précédent. Il sera souvent en proie à de fausses craintes, ou à de fausses espérances, parce qu'il aura de fausses idées du *bien* & du *mal*. Cet homme quoique très-modéré dans ses passions, ou attentif à réprimer leur violence, ne pourra cependant pas se garantir des fausses idées sous lesquelles son esprit sera accoutumé d'apercevoir les objets, & les illusions de l'esprit passeront au cœur.

Le Vice & la Science. Si au contraire un tempérament vicieux, susceptible de passions turbulentes, est accompagné d'un esprit éclairé, il dira en se laissant entraîner au torrent :

Video meliora, proboque;
Deteriora sequor.

Il y a espérance après la tempête; s'il n'en est pas trop fréquemment battu.

Si ce tempérament est uni à un esprit gâté par l'opinion ou par l'erreur, ce n'est qu'en le suivant dans le commerce de la vie qu'on peut juger du nombre de ses égaremens.

Le Vice & l'Erreur.

Il est à propos d'observer sur tout ceci, que, quoique nous supposions pour un moment les habitudes de l'esprit unies à celles du cœur les unes indépendamment des autres, par exemple, la *science* & la *vertu*, sans autre mèlange, pour voir quels en seroient les effets : cela n'est cependant pas toujours exact : puisqu'il est vrai qu'il n'y a point d'homme parfaitement éclairé sur ses devoirs, ou qui n'en ait aucune connoissance, comme il n'y en a point qui réunisse en soi toutes les vertus ou tous les vices. On peut dire néanmoins que ceux-là sont dans le cas de notre supposition, qui suivent le plus ordinairement les impressions du vrai ou du faux, & qui sont sujets à des passions tempérées, ou violentes.

Mais il y en a un grand nombre chez qui tout cela est confondu & dont l'habitude dominante est de n'en avoir aucune. Vous y verrez le monstrueux assemblage de plusieurs contrariétés dont le détail seroit trop long. Il faut aller reconnoître tous ces caractéres par expérience dans le commerce du monde.

Fin de la troisiéme Partie.

PRATIQUE D'ÉDUCATION POUR LE CŒUR.

QUATRIEME PARTIE.

L'EXPERIENCE.

CHAPITRE PREMIER.

Ce qu'on doit faire observer à un jeune-homme qu'on introduit dans le monde.

J'Ai déja dit que le premier pas, qu'un jeune-homme fait dans le monde, est bien glisfant, quand il n'a pas appris dès ses premieres années à s'y conduire. Mais quelque habile qu'il soit devenu par la spéculation, cela ne suffit pas; il faut encore pratiquer. Les éleves, que forment les Pilotes, montent de bonne heure les vaisseaux avec leurs Maîtres : ils deviennent plus habiles en manœuvrant eux-mêmes, que par une longue étude du Pilotage : les grands Généraux ne se forment guere que dans les batailles, c'est-là qu'ils apprennent à prendre sur le champ un parti convenable aux circonstances. C'est de même dans le commerce du monde, qu'on apprend à mettre en usage toutes les maximes de prudence, dont on a fait provision auparavant. La Spéculation seule ne fait que nous donner l'esprit d'observation : elle fait que rien ne nous échappe : elle peut même anticiper fur l'expérience ; mais enfin il faut agir. Auffi ai-je toujours confeillé dans cet ouvrage de faire exécuter en petit dans le bas âge, ce qu'on vouloit faire exécuter en grand dans un âge mûr.

Lorfqu'un jeune-homme commence à paroître fur la fcène, il faut qu'il ait été exercé derriere le théatre, afin que rien ne lui paroiffe nouveau & qu'il reconnoiffe auffi-tôt la réalité de ce qu'il n'a vu qu'en peinture. Il devient alors membre de la fociété, il faut donc qu'il fe difpofe à remplir dignement le pofte qu'il doit y occuper, & qu'il prévoie la fituation dans laquelle il fe trouvera par raport au refte des hommes. Si ce pofte eft éminent; il doit envifager de combien de dangers il eft environné; favoir les moyens de fe mettre à couvert des traits de l'envie & de la malice de ses égaux ; connoître le bien & le mal qu'il peut faire à ses inférieurs, & les ménagemens qu'il doit garder sans bassesse envers ceux qui sont au-dessus de lui ; en un mot il doit être instruit de tout ce qui regarde les autres & lui-même.

On apprend à connoître les hommes par la fréquentation.

Lorsqu'on introduit de bonne-heure un jeune homme dans le monde, même pendant le cours de ses études autant que cela ne l'en détourne pas, il apprend dans les compagnies à démêler les caracteres particuliers de l'esprit d'un chacun. On lui en fait faire sur le champ l'application aux qualités du cœur : je veux dire, qu'il peut juger des inclinations des hommes par leur maniere de penser. Car il y a une liaison si étroite entre l'esprit & le cœur, que qui connoît les sentimens de l'un peut

peut aîfément demêler les affections de l'autre. Il ne doit cependant rien affirmer pofitivement jufqu'à ce qu'un commerce plus particulier des perfonnes qu'il fréquente ait confirmé fon jugement.

Voyons plus en détail quels font les fignes qui peuvent faire connoître les inclinations du cœur, & dans quelles rencontres on en peut juger plus fainement. Premierement c'eft par la converfation que nous pouvons démêler les différens caracteres des hommes ; & fur-tout dans les occafions où ils n'ont aucun intérêt de diffimuler ; c'eft dans les compagnies amufantes, dans les repas où regnent la gaieté & l'enjouement, dans les entretiens qui paroiffent les moins intéreffans. C'eft alors qu'on parle de chofes éloignées, fur lefquelles on ne croit point être

A quels fignes on les connoît.

Par les converfations les moins intéreffantes.

L

soupçonné de porter ses vues. Il est donc facile, si l'on veut y faire attention, de découvrir quels sont les desirs & les desseins d'un chacun, par la conformité qui se trouve entre les choses éloignées, sur lesquelles il s'entretient, & celles auxquelles il peut prétendre.

Il faut plus de pénétration pour connoître ceux qui sont retenus, que ceux qui parlent de toute l'abondance du cœur.

Il est vrai que les hommes, qui savent couvrir leurs vues, sont plus difficiles à étudier, que ceux qui, emportés par la vivacité de leur sentiment, parlent avec moins de prudence, & qui paroissent d'abord ce qu'ils sont dans le fond du cœur. Un sot, un fat, par exemple, sont aisés à connoître, à leurs airs, à leurs gestes, à leurs manieres, encore plus à leurs discours. Ils sont présomptueux, vains, entêtés; ils aiment le faste, ils ne parlent que de leurs chevaux, de leurs chiens, de leurs ajustemens, de leurs meubles, de leurs plaisirs, de leurs intrigues; enfin beaucoup d'eux-mêmes, de tout ce qu'ils aiment, ou n'aiment pas.

Quoiqu'il soit plus difficile de connoître ceux qui sont plus circonspects & plus réservés sur ce qui les regarde; cependant malgré leurs précautions, & quoiqu'ils parlent de choses indifférentes, on peut voir par les idées qu'ils s'en sont formées le pouvoir qu'elles ont sur leur cœur. On peut encore les connoître par les sujets les plus fréquens de leurs conversations. L'Ambitieux, par exemple, ne parle que de vastes projets, d'honneurs, de dignités, de grandeurs; l'Avare d'intérêts, de richesses, de récompenses. Enfin les hommes parlent d'une même chose, suivant les différentes impres-

Chacun parle néanmoins selon ses idées & selon ses inclinations.

sions qu'elle fait sur eux.

Mais en demêlant le fond du caractere naturel de chaque personnage, il est aisé de remarquer ce que l'éducation, la profession d'un chacun & la fréquentation de certaines personnes ont pu y ajouter. Il y a des petits-maîtres, des pédans, des hypocrites de toutes robes; on les reconnoît à la tournure de leur esprit, à leurs caprices; leurs manieres, leurs expressions, tout décele leur condition & leur humeur. On connoîtra de même une personne sensée, d'un commerce doux & liant, une autre qui sera d'un caractere sombre & farouche, un homme prudent ou indiscret, timide ou hardi, indolent ou laborieux, avare ou liberal, sincere ou fourbe, religieux ou hipocrite, vindicatif ou clément; on connoîtra dis-je le caractere particulier d'un chacun, à sa

En marge : On peut démêler ce qui vient du fond du naturel, & ce qui vient des habitudes.

façon de penser de certaines vertus ou de certains vices, à l'estime qu'il fait des avantages de la fortune, à la maniere dont il excuse certaines passions, à la préférence qu'il paroît donner, par exemple, aux avantages du corps sur ceux de l'esprit, aux richesses sur les honneurs. En un mot on peut juger des hommes, par ce qu'ils louent ou blament le plus ordinairement, par ce qu'ils pensent de la religion, par les récits qu'ils font de leurs avantures, & par ce qu'ils aiment le mieux paroître.

On distingue la condition d'un chacun, à ce qu'il dit de la noblesse ou de la roture, de la robe ou de l'épée. En faisant observer toutes ces choses à un jeune-homme, on lui fait appliquer à un sujet ce que nous avons dit sur les caracteres, & sur leurs causes naturelles ou fortuites ; on lui fait depéindre telle ou telle personne par son naturel, & par ce que l'habitude y a ajouté.

Différens caracteres qui viennent d'un naturel plus ou moins vif.

Le Voluptueux.

Avez-vous remarqué les airs faquins de ce jeune étourdi, qui fait l'homme de conséquence ? Après un salut fanfaron, il s'est placé froidement sur le siége qu'on lui a présenté : il a écouté d'un air sérieux la conversation de quelques personnes oisives, qui parloient des douceurs d'une vie tranquile, d'une fortune bornée par une honnête médiocrité, d'un petit nombre d'amis fidelles, d'une table servie avec délicatesse & sans profusion , d'une épouse tendre. Dans cet entrétien on faisoit parade de quantité de beaux sentimens qui l'ont ennuyé. Il a passé dans un autre cercle, où vous l'avez entendu parler lon-tems de ses plaisirs, de sa table, de son jeu, de sa parure. Il s'est mis ensuite sur le chapitre des femmes, il n'en trouve point de cruelles, il ne veut point d'engagement légitime ; c'est un débauché, son peu de génie le porte à ces excès. Il s'est trouvé vis-à-vis d'un homme de beaucoup d'esprit, d'un humeur vive, qui a paru d'abord aprouver la vie voluptueuse de notre Petit-Maître & envier ses bonnes fortunes ; mais une promte réflexion lui a fait appercevoir le ridicule dont ce fat s'est couvert près des gens sensés ; il a senti le faux de sa prétendue félicité, & il s'est mis à parler des avantages réels, dont jouissent dans la vie ceux, qui ont une véritable délicatesse de sentiment. Il blâme la licence qu'il vient de paroître approuver ; mais sa vivacité l'engagera presque aussi-tôt à désaprouver

L'Inconstant.

L iv

ce qu'il vient de louer. Il se porte facilement d'une extrémité à l'autre ; tantôt fou jusqu'à l'extravagance, tantôt sage jusqu'à la misantropie, il n'attrappe jamais le juste milieu. C'est le défaut de ceux que nous mettons au rang des esprits à talens. Tantôt pieux, tantôt libertins, tantôt amis, tantôt indifférens ; ils sont tout de feu pour ceux qu'ils aiment, un moment après tout de glace. Ils sentent parfaitement le ridicule & ne peuvent éviter d'y tomber eux-mêmes. Ils se moqueront avec raison d'un cagot, qui ne parle que de Dieu, de charité, & qui témoignant beaucoup de goût pour les vertus chrétiennes, blâme tout le monde, & veut insinuer qu'il parle de la vertu selon son cœur : & cependant ces beaux-esprits donnent quelquefois eux - mêmes dans la superstition la plus grossiere. Telle est l'inconstance de ceux dans lesquels la vivacité de sentiment & d'esprit rend le cœur susceptible de mille impressions diverses & opposées entr'elles.

Entre ceux-là il n'y a que celui, en qui une humeur gaie, sans dissipation, laisse agir la raison en liberté & avec justesse & dont le cœur ne se livre point à toutes sortes d'impressions, qui tienne le juste milieu. Il est seul en état par l'étendue de sa capacité & la justesse de ses réfléxions de juger sainement des choses. Il est souple sans bassesse, sincere sans indiscrétion, ami par choix autant que par goût, libéral sans prodigalité, il aime les plaisirs avec modération : il est aimé de tous, parce qu'il sait se conformer sans flatterie à leurs humeurs. Ses paroles & ses actions

L'homme dans un juste tempérament.

ne le démentent jamais ; il est poli & modeste sans affectation, propre sans luxe : en un mot, il tient le milieu entre la trop grande vivacité & l'indifférence stupide.

<small>Le Flegmatique.</small> Vous l'avez vu dans ce cercle s'entretenir avec un homme froid & sérieux ; il quitte l'air enjoué qu'il avoit avec un autre & se conforme à l'humeur de celui-ci, dont les discours sont mesurés & prudens ; il a l'art de s'insinuer auprès de lui ; il l'écoute avec complaisance & s'en fait écouter de même, sa franchise lui attire la confiance d'une personne naturellement défiante ; il s'en fait un ami. Ce dernier a paru comme isolé dans la compagnie, il a parlé peu, son indifférence lui a fait tout observer d'un œil tranquile, sans rien louer ou blâmer. Il passe pour un stupide dans l'esprit des au-

tres; il l'est peut-être : mais il faut des yeux plus perçans que les leurs pour en juger & pour demêler le fond de bon sens & de probité qu'il ne fait pas paroître. C'est souvent un bon esprit, un bon cœur, un homme droit, ami de la société jusqu'à n'en vouloir point observer les défauts. Il rit de voir un autre aussi flegmatique que lui, mais Atrabilaire, s'échaufer à passer tout le genre humain en revue, & à peindre les vices des plus noires couleurs. Celui-ci, quoiqu'il agisse avec les meilleures intentions du monde, passe pour un Misantrope, pour un homme dangéreux. Que ne laisse-t-il le monde tel qu'il est; il trouble toujours la joie par quelques réfléxions fâcheuses. C'est quelque fois avec tout cela un bourru insuportable, un avare qui n'aime que lui-même, ou un bigot

L'Atrabilaire.

farouche qui couvre sa médisance du prétexte apparent de Religion. Il ne peut souffrir personne ; il déclame tantôt contre la prodigalité de ce jeune Seigneur, tantôt contre la fatuité de ce jeune Magistrat, tantôt contre les fanfaronades de ce Militaire, tantôt contre l'avidité de ce Marchand ou de cet homme d'affaires, contre la fainéantise & la molesse de ce Moine ou de cet Eclésiastique, contre la coquéterie de cette femme. Il n'y auroit pas grand mal à tout cela, s'il ne se prennoit pas quelquefois à gens qui valent mieux que lui.

Autres moyens de s'instruire.

Utilité de ces observations.

Outre toutes ces observations qu'on peut faire par soi-même, il y en a encore une infinité d'autres qu'on fait par autrui : je veux dire qu'on s'instruit presque autant par ce qu'on entend dire aux autres, que par ce qu'on voit de ses yeux.

La malignité de l'envie ou la contrariété des humeurs & des opinions font souvent naître des demêlés dont on peut profiter. En suivant la conversation d'un homme caustique, nous trouvons qu'il a très-bien fait le portrait de tous ceux à qui il en veut : & comme il a pris goût à le faire, nous pouvons comter sur la fidélité de ses Tableaux & copier d'après; mais un honnête homme ne le doit point faire avec d'aussi mauvaises intentions que lui. Un jeune-homme, sans critiquer la conduite de personne, doit tirer de-là les lumieres pour la sienne propre : en remarquant les défauts ou le ridicule de certains caracteres, il doit éviter d'y tomber. Il s'accoutume aussi à se conformer adroitement à toutes sortes d'humeurs, par une complaisance qui n'ait rien de bas:

il apprend à persuader les autres dans l'occasion, il gagne leur bienveillance, ou s'en fait des amis sincerement affectionnés. C'est surtout de ces derniers qu'il doit faire choix avec plus de discernement. Il faut que ce choix soit fondé sur l'estime mutuelle que fait naître entre deux personnes l'opinion d'une probité reconnue & à toute épreuve. Quant aux amis de simple societé, il faut toujours s'en tenir aux simples devoirs de politesse, sans jamais se livrer à eux Je traiterai cette matiere plus au long dans le chapitre suivant.

CHAPITRE II.
De la politesse, & du choix des amis.

LA Politesse est l'âme de la Societé. Je ne parle point

d'une Politesse de pure cérémonie, qui n'a point d'autres régles que les usages particuliers de différens peuples. Ce Cerémonial n'est que le signe extérieur & arbitraire, auquel il a plu aux hommes d'attacher certaines idées de déférence & de respect. La Politesse est fondée sur la dépendance réciproque de tous les membres de la Société : & sur notre amour propre qui ménage celui des autres, pour s'attirer les mêmes ménagemens : ce motif, tout défectueux qu'il paroît, est bon quand il est bien réglé. La politesse se pratique par les paroles, par les actions, & par les manières, entre égaux ou inégaux, entre les amis ou les personnes indifférentes. Nous donnerons quelques régles générales qui puissent s'appliquer aux différentes circonstances.

Régles de de la vraie Politesse.

La Politesse doit avoir pour base la droiture du cœur, une sincérité discrete, une humeur douce & liante. On la pratique par paroles envers tous les hommes, ne disant rien à personne qui puisse le choquer, rien que de mesuré à sa condition ou à sa capacité, en évitant toutes les contestations qui pourroient aller jusqu'à l'aigreur. On doit prendre garde pour cela de soutenir avec trop de chaleur une opinion même intéressante, de prendre un ton décisif & de prétendre dissuader par là ceux qui paroissent attachés au sentiment contraire. Une conduite opposée donne un air de pedanterie & de suffisance insuportable. Rien n'est plus contraire à la Politesse que de vouloir tenir le haut bout dans la conversation ; il faut au contraire y jetter adroitement quelque sujet qui donne occasion à chacun de discourir sur ce qu'il sait le mieux ; enfin il faut plutôt paroître disciple que Maître. Nous pouvons éviter par quelque louange délicate les traits piquants qu'on veut nous lancer, nous forçons par-là ceux qui étoient légérement indisposés contre nous à nous savoir ensuite bon gré ; il ne faut jamais louer ou blâmer avec exagération ni directement. La louange hyperbolique passe pour flatterie, ou nous fait passer pour gens de peu de discernement. La louange directe, en présence des personnes, blesse leur modestie fausse ou réelle. Celle qui est indirecte, outre qu'elle paroît plus désintéressée, est plus agréable aux personnes sur qui elle tombe, parce qu'elle ne les expose point à l'envie & leur laisse la liberté de ne pas la prendre pour elles, quoiqu'elles en sentent intérieurement tout le plaisir. Les hommes, dit la Bruiere, veulent être estimés & ils cachent avec soin l'envie qu'ils ont de l'être, ils sont vains & ils ne haïssent rien tant que de passer pour tels. Quant au blâme, il doit plutôt tomber sur les choses que sur les personnes, & on ne doit jamais le pousser au point de ne laisser aucune porte ouverte à l'excuse. Celui qui blâme ouvertement passe pour un homme dangéreux & bourru à qui rien ne plaît, que ce qu'il fait. La raillerie doit être ou absolument bannie de nos discours, ou ménagée avec tant de délicatesse qu'elle puisse plaire à ceux qu'elle attaque. En ce cas elle doit être plutôt une véritable louange cachée sous l'aparence simulée du blâme, qu'un blâme sous les aparences de la louange. Lorsque par exemple on feint d'un air badin de n'être point persuadé du mérite d'une personne & de désaprouver ce qu'elle fait de mieux, rien ne peut être plus agréable pour un bon esprit ; je dis, un bon esprit : car il faut prendre garde à qui nous nous adreſſons ; un eſprit de travers le prendroit au ſérieux. D'ailleurs la meilleure plaiſanterie n'eſt pas toujours de ſaiſon ; celle qui eſt piquante offenſe plus que le plus vif reproche ; elle marque que nous avons un ſouverain mépris pour celui que nous raillons en le louant par ironie, que nous le prenons pour un homme ſans conséquence, avec qui nous ne devons point traiter ſérieuſement : elle nous en fait un ennemi d'autant plus irréconciliable que le mépris eſt au-deſſus de toute injure. Outre cela ſouvent le ridicule tombe ſur celui qui en veut couvrir un

autre : »vous le (a) croyez vo-
» tre dupe ; il feint de l'être :
» qui est le plus dupe de vous ou
» de lui ? Les railleurs de profession sont pour l'ordinaire des envieux, qui ne sont contens de personne; comme personne n'est content d'eux : en s'adressant à gens
de mérite, ils se font méprisser
de ceux qui ont d'abord ri de
leurs plaisanteries. Ils passent pour
boufons, pour génies étroits, pour
des indiscrets, & ils s'attirent
souvent des disgraces. Tel est le
caractere de mille plaisans qui se
trouvent dans certaines petites
Villes de Province : ce sont des
gens oisifs, bons à rien, hébétés
pour la plûpart, qui critiquent
sottement les actions des autres.
Quand un honnête homme se
trouve vis-à-vis d'eux » il ne doit
» (b) jamais se commettre avec

a La Bruiere.

b La Bruiere.

» gens de telle étoffe ni s'en
» plaindre, puisqu'il n'est pas mê-
» me permis d'avoir raison con-
» tre eux.

Nous pratiquons la Politesse par nos actions & nos manieres, lorsque nous donnons aux autres toutes les marques d'estime, de déférence & de bonne volonté que nous leurs devons, lorsque nous allons au devant de tout ce qui peut leur faire plaisir, lorsque nous en observons attentivement toutes les occasions pour les saisir avec promtitude. Cette maniére d'obliger oblige deux fois. Il faut que nous portions sur nos lévres & sur un visage ouvert la bonté de notre cœur, que nos actions n'ayent rien d'empesé, ni de géné. Il faut agir avec une liberté décente & la donner aux autres, il faut être d'un accès facile dans la prospérité. Les Grands doivent faire attention que s'il y a des dégrés de subordination dans la Société, les hommes ne laissent pas d'être égaux par leur nature & que par conséquent ils doivent dans le particulier déposer tout le faste de la dignité dont ils ne sont revêtus que pour le bien commun. Ils doivent descendre jusqu'à ceux qui leur demandent quelques graces, entrer avec bonté dans leurs peines, leur accorder des secours, s'expliquer avec eux lorsque leurs demandes sont injustes, ou que d'autres raisons les empêchent d'y satisfaire. En un mot ils doivent agir envers leurs inférieurs avec toute la douceur possible, & ne leur faire jamais sentir le poids de leur autorité que quand ils s'élevent contr'elle, en violant la justice qu'elle maintient.

La Politesse, en nous ouvrant

les cœurs qu'elle prévient en notre faveur, nous met à portée de faire un choix judicieux d'amis. Ce choix se doit faire avec goût & avec discernement. Pour satisfaire le premier, il faut chercher, autant qu'il est possible, la conformité d'humeurs & d'inclinations qu'un Auteur appelle une douce parenté de cœur. On connoît cette conformité par l'approbation que des personnes donnent à nos paroles, à nos sentimens & à nos conseils, sur-tout quand elles le font avec une chaleur qui marque que telles sont leurs propres pensées & dans les occasions où elles n'ont encore aucun intérêt de nous flater. Mais il faut toujours que le fondement de cette simpathie soit la vertu. Que si nous ne rencontrons pas toujours cette simpathie aussi parfaite que nous souhaiterions ; il faut préférer le discernement au

Choix & devoirs des amis.

Par simpathie.

Par dis-cernement.

goût : c'est à-dire, que nous devons choisir pour amis ceux en qui nous trouvons d'autres qualités qui nous en dédommagent, telles que sont la sincérité, la droiture, la prudence, la discrétion. Pour connoître à fond une personne dont nous voulons faire un ami, il faut comparer ce que nous avons découvert par nous-mêmes de son caractére, avec sa réputation & sa conduite envers ses autres amis. Nous pouvons nous en informer à ces amis mêmes ou à d'autres personnes de sa connoissance, dont le témoignage ne soit point suspect, & juger ensuite par cette comparaison de la vérité de ce que nous avons présumé.

A quels signes on connoît un véritable ami.

(4) Nous reconnoissons qu'un

(*) Le Portrait que je fais ici du véritable ami est copié d'après nature. Que ne m'est-il permis de nommer ici les personnes généreuses qui m'ont servi de modele, sur-

homme

homme est véritablement notre ami à la confiance qu'il nous témoigne, en nous faisant confidence de quelque secret important, ou en se reposant sur nous du soin de quelque affaire de conséquence ; au bien qu'il dit de nous en notre absence ; au zèle avec lequel il embrasse nos intérêts, nous recommande, nous justifie ou nous excuse auprès de quelqu'un, dans des occasions où il ne peut pas soupçonner que cela nous sera redit. Nous voyons aussi, par les conseils qu'il nous donne, s'il veut véritablement notre bien, lorsqu'il ne flatte pas nos passions, qu'il nous reprend & nous avertit avec douceur de nos défauts, quand il les souffre sans les authoriser.

Un bon ami observe les dé-

tout celui à qui cet ouvrage est redevable du dernier coup de lime ; je le prie d'agréer ici ce foible témoignage de ma reconnoissance.

M

marches de nos ennemis & nous découvre ce qu'ils peuvent faire ou dire contre nous, prévient nos besoins avec une bonté qui va les chercher jusqu'au fond de notre cœur & nous donne des secours réels; enfin (ce qui est la pierre de touche de l'amitié) la mauvaise fortune n'est point capable de le refroidir. Tout cela, en nous assurant que nous possédons un véritable ami, nous donne des leçons de ce que nous devons faire à son égard, & nous apprend que c'est par les mêmes voies qu'on gagne son amitié. Mais comme il est des amis pour le seul plaisir de la Société, d'autres pour le conseil seulement ; ce que nous leur devons ne s'étend pas bien au-delà des devoirs communs de l'humanité. Je parlerai bientôt de la maniere de se comporter avec eux : je donnerai aussi quelques régles pour se mettre à couvert de la mauvaise volonté de nos ennemis. La générosité & l'équité ne veulent pas que nous employions d'autres moyens, que ceux que nous pouvons mettre en usage pour nous garantir de la malice du commun des autres hommes avec lesquels nous n'avons point de liaison particuliere.

CHAPITRE III.

De la Societé avec les femmes.

PUISQU'ON produit un jeune homme dans le monde pour apprendre à s'y conduire avec prudence, pour s'y faire des amis, pour connoître & éviter tous les écueils contre lesquels il peut échouer, pour se procurer un sort heureux & tranquile ; voyons quel danger il court de la part des charmes séduisans du sexe ; examinons le tort & le bien que peut faire à son cœur le commerce de société avec les femmes.

Objection. Pouvez-vous balancer, s'écriera ici quelque Casuiste rigide ? Rien de plus funeste pour un jeune cœur que la fréquentation de ce Sexe enchanteur. La vertu la plus pure ne s'en tire point sans tache : non ; il ne faut point qu'un jeune homme converse avec les femmes ; son peu d'expérience l'expose aux traits empoisonnés de l'amour, passion toujours funeste & capable de l'entraîner dans les plus honteux déréglemens. S'il contracte avec les femmes des manieres polies, ce qu'il gagne ne vaut pas ce qu'il perd. Un Mentor prudent doit toujours en éloigner son élève : ce n'est que par la fuite qu'on garantit son innocence & qu'on la fortifie contre les mauvaises impressions du vice. C'est dans le tems que les passions sont impétueuses, qu'on doit en détourner les objets ; le danger sera encore assez grand, quand l'âge ayant mûri son esprit l'aura mis en état de se conduire lui-même

Je pourrois renvoyer ce Caton à ce que j'ai déjà dit sur l'usage des Romans. Il ne s'agit point ici de ce qui doit être à la rigueur ; il s'agit de ce qui est ; il s'agit de diminuer un mal qu'on ne peut couper dès la racine. La fuite seroit bonne, si elle étoit toujours praticable, & si en fuyant le mal pour un tems, on pouvoit par-là se mettre à couvert de ses atteintes. Je demande donc si un jeune homme, qui n'aura jamais conversé avec les femmes, sera plus capable de résister à leurs charmes, lorsque la situation où il se trouvera ensuite dans le

Réponse.

M iij

monde ne lui permettra plus de les éviter, s'il sera moins capable de concevoir de l'inclination pour elles, que celui qui sera accoutumé à les voir. Lequel est le plus en état de résister aux coups de la tempête, ou d'un homme accoutumé à naviger sur une mer orageuse, ou de celui qui n'a jamais approché du rivage ?

Souvent l'ignorance du danger y fait tomber. Ne voit-on pas très souvent toutes les peines, qu'on s'est données, pour préserver un jeune homme des coups imprévus de l'amour, devenir inutiles & même funestes. Il n'a que peu ou point du tout fréquenté le Sexe; sera-t-il pour cela incapable de foiblesse ? Au contraire je le vois s'attacher sans choix à des objets indignes ; il est séduit parce qu'il n'a jamais appris à connoître les ruses de la séduction & à s'en défendre. Vous lui avez, dites-vous, donné des leçons pour vaincre ses passions ; mais est-ce par de simples leçons qu'on apprend à vaincre des passions dont on n'a jamais vu ni senti les effets ? Il est aisé de calmer les autres passions de notre cœur, elles ne sont souvent que momentanées : on réprime la colère, la haine, l'envie, par une simple réflexion, parce qu'elles ne nous possedent pas sans relâche, & qu'elles obscurcissent rarement toute la Raison ; mais l'amour est le plus durable & le plus violent de tous les maux ; il aveugle tellement l'esprit sur les défauts de son objet & prévient tellement le cœur, que l'homme le plus capable de penser & le plus en état de les remarquer n'a pas la force de les haïr. Comment un homme qui ne saura pas lever le masque dont ils se couvrent souvent, sera-t-il en

L'amour est la plus violente passion.

M iv

état de n'être pas trompé ou de se détromper. L'amour ne se guérit que par la possession de son objet, ou par les défauts que nous y découvrons & qui nous en détachent peu à peu : or qui ne connoît l'artifice du Sexe à se cacher sous les plus belles apparences : ce n'est donc que par la fréquentation des femmes qu'on peut apprendre le secret de les connoître. Sans cela que devient un jeune homme quand il paroît dans le monde ? son air neuf, ses manieres empruntées, son peu d'expérience le rendent le jouet des femmes coquettes qu'il croit vertueuses, & il ne s'aperçoit de leurs vices, que lorsque son cœur engagé par une longue habitude n'est plus en état de rompre ses chaînes. S'il parvient à les mépriser, son mépris tombe sur toutes les femmes dont il juge par celles-là, il n'en croit aucune vertueuse. S'il est obligé de prendre une épouse, il n'a ni estime, ni amour pour elle.

Il ne faut donc pas qu'un jeune homme soit toujours banni de la compagnie des femmes; il faut seulement qu'il ne se trouve que parmi celles qui sont vertueuses & de son rang; & qu'il apprenne à n'estimer que celles-là. Il s'accoutume à connoître par comparaison les coquettes artificieuses, à leurs ajustemens, à leurs airs panchés, à leurs railleries agaçantes, à leurs dédains affectés, à leurs regards étudiés, à leur son de voix doucereux, à leurs ris, à leurs gestes; enfin à toutes leurs minauderies. Il faut lui faire observer leurs discours, leurs maximes de galanterie, leurs complimens, leur feinte modestie : lui faire comparer toutes ces maniéres avec la noble simplicité d'une person-

Il faut qu'un jeune homme ne fréquente que des femmes vertueuses.

ne qui agit uniment & qui plaît sans chercher à plaire. L'estime, qu'il concevra pour celle-ci, lui fera mépriser le procédé des premières, prévoir leurs intrigues & s'en défier.

Il devient galant-homme.

Rien n'est plus capable de former un galant-homme, qu'une honnête femme. Les complaisances qu'on est obligé d'avoir pour elle civilisent & inspirent des mœurs douces & faciles, dont on a bien des occasions de faire usage dans la société. On doit même rendre cette justice au beau sexe, que les femmes vertueuses ont une bonté de cœur admirable & que leur amitié est la plus tendre & la plus sincere, la plus constante & la plus digne de l'attachement d'un honnête homme; desorte qu'on peut dire qu'on trouve de véritables amis parmi les femmes. Le respect qu'on leur porte apprend à un jeune-homme la modestie & la retenue dans les paroles. Ses yeux s'accoutumant aux attraits de la beauté, il devient moins susceptible de son impression. Que si son cœur s'y laisse prendre, ce ne sera que lorsque le mérite en rehaussera l'éclat, ou si la vivacité du tempérament le fait donner dans quelque excès, il sera plus en état d'en revenir; les réflexions, qu'il sera capable de faire, le feront rentrer dans le devoir & il saura mettre un frein à ses passions, en ne leur permettant rien que de légitime. Si un tempérament modéré l'expose à moins de foiblesse pour le sexe; il pourra, connoissant ses forces, embrasser sans témérité un état de perfection qui leur soit proportionné.

A l'égard des précautions que doit prendre un sage Mentor pour préserver son Eleve des surprises de l'amour ; c'est d'empêcher qu'une fréquentation trop familiaire ne fasse naître quelque inclination trop tendre ; c'est de veiller sur toutes ses démarches, d'observer ses paroles & ses actions sans paroître y prendre garde, de le détourner adroitement de quelque conversation trop galante, d'approuver ou de contredire quelquefois les louanges qu'il donne à une personne du sexe, pour découvrir le motif qui le fait parler. Il faut qu'il l'éloigne de toute personne suspecte, en lui faisant remarquer ses défauts, il doit lui donner une honnête liberté pour s'attirer sa confiance, s'informer de lui par maniere de conversation de ce qu'il pense de telle ou telle personne, & s'il s'apperçoit d'une inclination qui commence à naître, employer tous les moyens que la prudence lui suggerera pour la rompre. Qu'il sache sous main les mesures que peut prendre ce jeune-homme pour l'entretenir, & qu'il commette des personnes pour l'épier. S'il reconnoît que son éleve se cache de lui & le trompe, il doit alors lui faire des reproches obligeans de son peu de confiance, il doit l'engager à lui ouvrir son cœur, & lui répréfenter avec une douceur mêlée de sévérité le danger où il s'expose. Que si le mal est trop grand lorsqu'il le découvre, le premier remede qu'il doit employer, c'est l'éloignement, pendant lequel il fera valoir auprès de lui toute la force des raisonnemens, il entrera quelquefois dans fes peines, quelquefois il flattera son espérance, dans un autre moment il blâmera sa témérité : il lui fera envisager la différence qu'il y a entre la paix dont jouissoit son cœur, & le le trouble qui l'agite. Il lui fera considérer qu'il est lui-même auteur de son propre tourment, que ce qu'il desire est criminel, & qu'il ne peut se satisfaire qu'en blessant son honneur ou celui de la personne qu'il aime. Il fera remarquer ou la disproportion de l'âge ou l'inégalité de condition : il lui représentera les obstacles de la part de la volonté de ses parens ou des circonstances présentes ; il laissera au tems à faire le reste. Enfin si le jeune-homme aime une personne qui lui soit destinée, il ne s'opposera point à son inclination ; mais il en réglera les mouvemens. Voilà les remedes qu'on peut employer contre une passion qui ne se guérit point par la rigueur.

CHAPITRE IV.

Conduite prudente d'un honnête-homme dans les affaires & avec les autres hommes.

Sans parler ici de l'obligation de faire son devoir dans toute sorte d'états, soit de l'Epée, soit de la Robe, soit du Commerce; sans parler non plus de tout ce qu'il faut observer par rapport aux circonstances des lieux, des tems &c., dont le détail seroit trop long, & dont je donnerai seulement, dans les deux derniers chapitres de cet ouvrage, quelques maximes générales tirées des meilleurs Auteurs : je me contenterai de dire ici, qu'il faut avoir accoutumé de bonne-heure un Eleve à pratiquer tout ce qui regarde la profession à laquelle on le destine. Je traiterai dans ce chapitre des secours qu'il peut tirer des autres hommes pour le bien de ses affaires, & des moyens qu'il doit employer pour se mettre à couvert de l'envie & des mauvais desseins de ceux parmi lesquels il doit vivre. Il faut qu'il sache non-seulement engager les autres à prendre ses intérêts, & à lui donner de bons conseils; mais encore distinguer les avis sinceres & désintéressés de ceux qui ne le sont pas.

Choix de ceux dont on veut se concilier la bienveillance. Moyens de l'acquerir.

Le meilleur moyen de tirer des autres de bons conseils, c'est de nous servir d'amis constamment & sincérement devoués à notre service, ou de personnes dont les intérêts soient tellement liés aux nôtres, qu'ils soient inséparables. Il faut avoir gagné ces derniers par tout ce que nous avons remarqué de plus conforme à leurs inclinations; car il est constant que l'homme est toujours attaché à ce qui le flatte le plus. Nous avons déja parlé de la maniere d'acquérir des amis fidèles : il ne s'agit maintenant que de ceux qui nous sont attachés par des liens moins sacrés. Pour en trouver aisément, il faut savoir se conformer aux différentes humeurs des personnes, en ne laissant appercevoir aucun défaut, je dirois presque aucune vertu, qui puisse les choquer. Il faut leur rendre service, autant qu'il est possible, ou les contenter par un refus obligeant ; ne point s'ériger en Censeur des actions d'autrui ; ramener les hommes de leurs faux préjugés par des avis pleins de douceur & de modération ; paroître quelquefois donner avec eux dans les mêmes opinions, acquiescer à leurs conseils, suivre leurs goûts, ou, sans les contredire ouvertement, leur faire appercevoir par quelque léger détour le faux de leurs opinions. Par une telle conduite nous disposons tous ceux avec qui nous avons à vivre, de quelque caractere qu'ils soient, à nous vouloir du bien. En un mot comme tous les hommes sont idolâtres, les uns de l'honneur, les autres de l'intérêt, la plûpart de leur plaisir; l'habileté est de bien connoître ces idoles, de savoir l'art de manier les volontés & de les faire venir à son but.

C'est en nous mettant au niveau de tous ceux dont nous pouvons avoir besoin, que nous leur faisons voir clairement qu'il est de leur intérêt de nous être utiles au moins par leurs conseils. L'homme prudent en reçoit volontiers de toute main; parce-qu'il n'y en a point qui n'ait

Ecouter toutes sortes d'avis & les peser.

quelque chose de bon, & ne puisse nous faire appercevoir ce que nous ne voyons pas. Il ne reste plus ensuite qu'à se déterminer sur ces conseils en comparant ensemble les personnes qui nous les donnent, rélativement aux circonstances où nous nous trouvons. Voici les régles qu'on peut suivre pour bien faire cette comparaison.

Connoître ceux qui nous conseillent.

Il faut premierement examiner le caractere de la personne qui propose un avis, la nature de la chose, & les circonstances présentes. Par exemple, si une personne d'une humeur promte & vive, ardente dans ses desirs, nous conseille quelque entreprise qu'il faille brusquer, son conseil sera bon ; au lieu que, dans le même cas, celui d'une personne flegmatique, qui trouve des difficultés par tout, feroit manquer l'occasion.

En second lieu, si l'avis roule sur la conduite que nous devons tenir avec certaines personnes, pour les engager à agir en notre faveur, sur ce que nous en devons craindre ou espérer ; alors il faut comparer l'humeur de celui, qui nous conseille, & tout ce qu'il nous dit, avec la personne dont il nous parle, & nous régler sur les vérités que nous découvrons par cette comparaison.

Observer leurs vues. Troisiemement, pour n'être point surpris, nous ne devons jamais perdre de vue le motif qui fait parler celui qui nous avertit ; & pour le pénétrer, on doit avoir toujours cette question présente à l'esprit, pourquoi celui-ci nous dit-il telle chose ? Que nous veut-il persuader ? Car il y a toujours quelque vue secrette qui fait parler les hommes ; il faut examiner quelles sont celles qu'ils peuvent avoir & sur les choses & sur les personnes dont ils nous parlent, si ces vues sont dirigées par l'intérêt, par la jalousie, ou par la haine. Pour connoître si une personne nous conseille bien dans une affaire, prenons garde si elle ne la touche en aucune façon, soit directement, soit indirectement. Si nous sommes assurés que cette chose lui soit absolument indifférente, nous pouvons juger que ses avis sont sinceres, & alors il ne reste plus qu'à examiner la bonté du conseil en lui-même & de le mettre à profit. Mais si quelqu'un veut nous engager dans une entreprise, afin de ne point nous avoir pour concurrens dans une autre affaire, sur laquelle il a des vues; son conseil peut être encore sincere & bon quoiqu'il parte d'un motif de jalousie. Et afin que la haine, qu'on a ordinairement pour un rival, ne le porte point à nous donner de faux avis; nous pouvons dissiper ses doutes, en lui faisant connoître que nous ne visons point au même but que lui, & cela d'une maniere qui, en le persuadant, ne lui laisse point entrevoir que nous le soupçonnions nous-mêmes de mauvais artifice. Ce procédé peut nous en faire un véritable ami. Si un autre tâche de nous inspirer de la défiance contre certaines personnes ; il ne faut pas recevoir facilement les impressions qu'il veut nous donner. Examinons auparavant si ce n'est point la passion qui le fait parler ; voyons s'il ne veut point nous faire entrer dans les sentimens d'animosité ou d'envie qu'il a contre ces personnes, ou s'il n'a point dessein de nous brouiller avec elles pour profiter adroitement de notre division.

Enfin nous ne devons jamais nous laisser prévenir, ni sur nous-mêmes, ni sur les autres, ni sur les objets de nos desirs. Nous nous laissons prévenir sur nous-mêmes en prêtant l'oreille aux apas de la flatterie : ce dangereux poison nous aveugle tellement sur nos propres forces, que souvent nous ne voyons pas le piége que nous tend un faux ami ou un ennemi couvert, quand il nous conseille quelque entreprise qui est selon notre inclination, & qu'emportés par ce penchant nous ne prenons pas la peine d'en considérer les suites. Voici un principe selon lequel doit agir tout homme qui ne veut point se faire illusion sur soi-même. C'est de ne jamais exécuter ce qu'on lui propose, qu'il n'ait auparavant réfléchi & surtout ce que nous avons dit plus haut, & sur l'étendue de son

Ne nous point laisser prévenir.

pouvoir. Il faut qu'il laisse ralentir l'impression agréable de la flatterie, pour s'examiner lui-même sans prévention : car il est des occasions où l'homme se doit cette justice de ne point rougir du témoignage intérieur de son impuissance ou de son incapacité. Il ne faut pas non plus qu'il se passionne tellement pour les objets de ses desirs, qu'il ne puisse appercevoir ce qu'ils ont de défectueux ou de contraire à son vrai bien. Quant à la bonne ou mauvaise opinion qu'on veut lui donner de quelqu'un, il doit encore moins se laisser prévenir que sur toute autre chose ; il doit observer par quel motif on prétend l'engager à lui vouloir du bien, ou l'indisposer contre. Il faut d'abord qu'il paroisse approuver tout ce qu'on lui en dit, pour ne point désobliger la personne qui l'avertit en lui laissant

sant voir qu'il connoît ses défauts ou sa malignité : il doit lui marquer au moins de visage qu'il lui sait gré de son conseil, paroître disposé à le suivre, ne point s'ouvrir sur ses desseins, feindre d'entrer dans ses passions ; mais régler secretement sa conduite sur la vérité de ce qu'il aura découvert par lui-même.

Pour appuyer ces régles de quelque autorité & leur donner plus d'étendue, je vais rassembler & lier dans les deux chapitres suivants quelques maximes de prudence tirées de l'Homme de Cour & du Trésor politique. Je les rangerai dans un ordre méthodique, en y ajoutant quelques réflexions ; c'est-à-dire, que je mettrai toujours de la distinction entre les choses & les personnes, entre l'art de manier les volontés & les moyens de faire réussir une affaire, entre la maniere de cacher nos desseins & de pénétrer ceux des autres.

CHAPITRE V.

Maximes de prudence qu'il faut observer avec le commun des hommes.

<small>Il faut étudier les hommes.</small>

LA vie de l'homme est un combat continuel contre la malice de l'homme même, dit Baltazar Gracian ; il faut donc connoître tous les détours de cette malice & savoir par des ruses innocentes en éviter les piéges. Mais ces ruses, pour n'avoir rien de criminel, ne doivent point passer les bornes de l'équité ni de la Religion : on doit étudier les hommes, non pour les tromper, mais pour n'en être point trompé. Le premier pas que l'on doit faire pour prévenir l'artifice, c'est de savoir l'aller reconnoître jusques dans les replis du cœur humain. Le méchant a beau cacher ses détours, il laisse toujours échaper quelque trait qui découvre son mauvais naturel : la simulation est trop gênante pour qu'on n'en oublie pas quelquefois les leçons. Enfin l'ignorance a beau se retirer dans le Sanctuaire du Silence, l'hipocrisie se couvrir du manteau de la Religion, l'homme judicieux découvre tout, pénétre tout. Il discerne d'abord l'apparence de la réalité, il déchifre les intentions & les fins, il les connoît par les *paroles* & par les *actions*.

Le Naturel se fait toujours connoître.

J'ai déja dit qu'un des meilleurs moyens de connoître les hommes, c'est d'observer leurs discours : j'ajoute qu'on doit les exciter à parler, sans qu'il paroisse qu'on en ait dessein. Mais comme ceux qui veulent nous en imposer & nous surprendre, ne nous disent jamais qu'à demi ce qu'ils pensent, il faut être bien attentif à ce que signifient de petits mots, qui leur échapent en passant, & en tirer profit.

On engage les hommes à parler, en paroissant entrer dans leurs vues, se passionner pour ce qu'ils nous conseillent, pour ce qu'ils veulent, & pour ce qu'ils prétendent nous faire vouloir. Un moyen tout contraire, qu'on peut employer avec ces hommes qui se tiennent toujours fermés, c'est de faire en sorte qu'ils se passionnent eux-mêmes, en feignant adroitement de n'être pas de leur avis. C'est une excellente ruse de savoir contredire à propos; c'est souvent l'unique torture, qui puisse faire saillir les passions; c'est la double sonde du jugement & de la volonté. Un doute simulé, un mépris adroit de quelques mots mistérieux donne la chasse aux plus impénétrables secrets. On peut encore pénétrer les desseins des hommes en parlant soi-même, en tirant, comme on dit, quelque coup en en l'air pour reconnoître l'effet que peut faire sur autrui une résolution qu'on a prise.

On peut connoître les hommes par leurs actions, en épiant leurs démarches, en les comparant avec leurs paroles, & par les liaisons particulieres qu'ils ont avec certaines personnes: c'est par là qu'on sait si le cœur & la bouche sont d'accord.

Mais comme on use ordinairement, pour nous observer, des mêmes moyens que nous employons pour observer les autres; il faut tâcher d'être prudent, sans avoir la

De la dissimulation.

réputation d'être artificieux ; il est même quelquefois avantageux que plusieurs nous prennent pour dupes, afin que nous ne le soyons de personne. Pour ne point paroître artificieux, disons toujours vrai, ou gardons le silence & ne nous ouvrons que sur ce qui ne peut nous faire tort. On dissimule par le silence, par les paroles, par les actions, enfin en n'affectant rien & ne faisant rien paroître de ce qu'on pense sur son visage.

On dissimule par le silence.

Le Silence est le Sanctuaire de la Prudence : ce Sanctuaire doit être impénétrable. Il ne faut jamais trop s'ouvrir dans la manière de s'expliquer. Il ne faut pas mentir, mais on ne doit pas dire toutes les vérités.

Si l'on vous confie un secret gardez-le fidellement, & lorsque quelqu'un vous en parle paroissez étonné & ne rien savoir.

Si vous voulez tenir une chose secrette, ne parlez de rien qui puisse y avoir quelque rapport, n'en portez point de jugement : car c'est pour l'ordinaire par ces jugemens qu'on découvre nos véritables inclinations. C'est une grande science que de savoir retenir sa langue : en parlant beaucoup, on s'expose trop à découvert. La sureté de la Prudence consiste dans la modération intérieure : les piéges qu'on tend à la discretion sont de contredire, pour tirer une explication, de jetter des mots piquans, pour faire prendre feu. C'est alors que l'homme sage doit se tenir plus resserré. Quelquefois un mot échapé par inadvertance coute un repentir qui dure toute la vie. La malice d'autrui dresse des embuches à la Prudence pour découvrir terre ; elle se sert de cette sorte de torture pour tirer le secret du cœur; de sorte que, s'il faut quelquefois raisonner à rebours, c'est lorsqu'on nous parle à dessein de nous surprendre & de connoître nos intentions.

Si vous entendez dire du mal de quelqu'un, ne le rapportez jamais à personne, ni même à celui que cela regarde, à moins que ce ne soit un ami que vous soyez obligé d'avertir ; mais cachez-en toujours l'auteur.

Ne paroissez pas connoître les défauts de quelqu'un, ou être informé de quelque action qui ne lui fasse pas honneur; parce que les hommes vicieux haïssent ceux qui les connoissent.

Si quelque envieux parle mal de vous & veut vous nuire, observez-le & feignez de n'y point prendre garde. La malice se plaît souvent à blesser par l'endroit où elle sait que la douleur sera plus aigue. Ne laissez donc jamais appercevoir ce qui vous mortifie; ne découvrez jamais le doigt malade. Il y a même des occasions où l'on doit dissimuler une injure reçue, afin de n'être point obligé d'en tirer raison.

Quand on est obligé de répondre & qu'on veut dissimuler, il faut bien prendre garde ou de mentir, ou de dire la vérité qu'il est important de tenir cachée. On le fait en interrompant le discours, en passant à autre chose; mais cela ne réussit pas toujours. Le plus sûr est d'éluder absolument la réponse & de laisser celui qui demande aux premiers termes de sa question, ou de lui faire sentir l'impertinence de sa demande à mots couverts, ou sans détour, suivant la condition des personnes. Enfin il faut parler sobrement à ses rivaux, par

Par paroles.

précaution, & aux autres par bienséance; il faut parler comme on fait dans un testament, attendu qu'à moins de paroles moins de procès.

Par les actions. On dissimule par les actions: l'homme adroit ne fait jamais ce qu'il montre avoir envie de faire. Il paroît viser à un but, mais c'est pour tromper les yeux qui le regardent: il jette une parole en l'air, & puis il fait une chose à quoi personne ne pensoit: s'il dit un mot, c'est pour amuser l'attention de ses rivaux, & dès qu'elle est occupée à ce qu'ils pensent, il exécute aussi-tôt ce qu'ils ne pensent pas; Il faut aussi savoir varier à propos son procédé pour tromper la curiosité de nos envieux: il ne faut pas toujours ruser.

Par les apparences extérieures. Si la tromperie est en regne, redoublez votre vigilance; mais sans le faire connoître, de peur de mettre les gens en défiance: le soupçon provoque à la vengeance & fait penser à des moyens de nuire auxquels on ne pensoit point auparavant. La dissimulation bien entendue garantit d'une infinité de fautes & de tromperies: la dissimulation mal pratiquée est bien nuisible. Ainsi quand vous gardez le silence, il ne faut pas que le visage parle, ni les gestes; de même lorsque vous voulez cacher quelque chose en parlant, ou par vos actions, qu'il ne paroisse en vous rien d'affecté. Il ne faut jamais ni s'empresser ni se passionner: les passions sont les bréches de l'esprit: un habile homme doit donc s'appliquer premierement à les domter, puis à les dissimuler avec tant d'adresse que nul espion ne puisse jamais déchifrer sa pensée. Il n'y a point de plus grand empire que celui qu'on a sur soi-même; celui qui est maître de soi, le sera bientôt des autres.

Au reste tout ce que je viens de dire ici sur la dissimulation ne doit être mis en usage qu'avec des personnes, dont la mauvaise volonté & les desseins contraires à nos intérêts, nous forcent à prendre toutes ces précautions; ce sont des stratagêmes de guerre légitimes, quand on les emploie contre l'ennemi. Mais avec ceux dont la droiture nous est connue, avec nos amis, nous devons nous montrer tels que nous sommes.

CHAPITRE VI.

Maximes de prudence pour les affaires.

ON ne sauroit apprendre de trop bonne heure aux enfans le maniement des affaires.

Il faut premierement les instruire des moyens de conserver son bien, ensuite des entreprises qu'on peut faire pour l'augmenter, & de tout ce qui regarde les emplois auxquels on les destine. Ce n'est point par des préceptes étudiés qu'on les met au fait de toutes ces choses ; c'est en parlant, en délibérant sur ces matières en leur présence : on leur explique selon leur portée ce qu'ils désirent savoir ; on les charge même du soin de quelque partie d'une affaire. Quand l'âge les a rendu capables de raisonner & de faire attention à ce qu'ils font, on en pourra discourir avec eux par maniere de conversation, pour leur donner de nouvelles lumieres sur ce qu'ils ont fait & sur ce qu'ils doivent faire. On peut alors leur faire observer la conduite des autres, & leur faire appercevoir ce qu'il y a de bon ou de défectueux. Il est bon de leur mettre sous les yeux les fautes que plusieurs ont faites, les risques qu'ils ont courus, le dommage qu'ils ont souffert, pour n'avoir pas pris les mesures convenables, & n'avoir pas prévu les inconvéniens qui pourroient résulter de leur façon d'agir. Ils connoîtront par-là les avantages qu'on peut retirer d'une conduite plus prudente & plus mesurée. Il faut leur faire combiner tous les événemens, les mettre dans toutes les situations qui rendent une affaire difficile ou aisée, les interroger sur ce qu'ils feroient en telle ou telle rencontre, leur faire former des projets, paroître prendre leur avis, les redresser quand ils se trompent, & leur indiquer les moyens de prévoir & de surmonter les difficultés. Enfin on doit leur rappeler dans l'occasion & leur faire appliquer à propos à une affaire présente quelques-unes des maximes générales que nous allons citer.

I. Connoître ses forces, & son talent particulier. Cette connoissance sert à cultiver ce que l'on a d'excellent, & à perfectionner ce que l'on a de médiocre : nous ne pouvons parvenir à cette connoissance qu'en nous examinant intérieurement sans prévention pour nous-mêmes, sans flatterie.

II. Peser l'essence & la valeur des choses ; en connoître le bon & s'en servir à propos.

III. Combiner en toute affaire les circonstances de tems, de lieu, de personnes ; prévoir les obstacles ; examiner les risques & les avantages : connoître les occasions ; choisir les plus avantageuses & les plus commodes, les saisir promtement.

IV. Penser aujourd'hui pour

Maximes.

Examiner avant que d'entreprendre.

demain & pour lon-tems : être soigneux de prendre avis & de s'informer & ne se pas tenir à une simple information.

V. Prendre bien ses mesures avant que d'entreprendre : être plus attentif à ne pas manquer un coup, qu'à en tirer cent.

Entrepren-à propos; & exécuter avec activité.

VI. Entreprendre ce qui est facile, comme s'il étoit difficile; & ce qui est difficile, comme s'il étoit facile : c'est-à-dire, ne se point relâcher sur l'un, ni rebuter sur l'autre.

VII. Entreprendre à propos, & sans précipitation : mais s'il ne faut rien précipiter, il faut aussi être hardi, diligent ; constant à exécuter, agir avec résolution sans crainte de manquer, savoir s'accommoder aux tems.

VIII. Se conformer à l'usage & non à la folie du vulgaire : ne rien faire par caprice, ne prendre jamais les choses de travers, quoique ce soit quelquefois un art que d'aller contre l'art même.

IX. Ne point négliger le mal quoiqu'il soit petit, ni se décourager s'il est considérable. Ouvrir les yeux quand il est tems : refléchir trop tard n'est pas un remede, mais un sujet de chagrin.

X. Il ne faut point se faire une affaire de ce qui n'en est pas une. Il y a des gens qui s'embarassent de tout ; d'autres qui ne s'embarassent de rien : bien des choses n'ont rien été, parce qu'on ne s'en est pas mis en peine, & d'autres, qui n'étoient rien, sont devenues importantes pour en avoir fait trop de cas.

Ne se point figurer de mal où il n'y en a point.

XI. Il ne faut jamais trop éplucher les choses, sur-tout celles qui ne sont guéres agréables : c'est une espece de fureur que d'aller chercher des sujets de chagrin : c'est foiblesse que de n'être jamais content de soi, comme c'est folie d'en être trop content ; on doit être au-dessus, & non au-dessous de ses affaires.

XII. Savoir se modérer dans la bonne fortune & se préparer à tout évenement : enfin savoir se retirer à propos & jouir.

XIII. Ne s'associer ni avec un plus puissant que soi, ni avec ceux qui n'ont rien à perdre : ne point faire d'intrigues, & éviter d'y être mêlé : n'être point tellement livré aux autres, qu'on ne soit plus à soi-même.

Se mettre en crédit ne se point faire d'ennemis.

Pour n'être point traversé dans ses entreprises par ses ennemis ou par ses envieux, pour éviter de s'en faire, pour maintenir sa réputation, on doit :

1º. Ne se point mêler des affaires d'autrui : n'être point trop familier : se rendre rare, pour se faire estimer : n'être ni méchant, ni trop bon ; ni crédule, ni trop attaché à son propre sens : ne jamais haïr personne, ni s'attacher trop facilement : éviter d'en venir à une rupture qui fasse éclat, & ne se brouiller jamais de façon à ne plus laisser de porte ouverte à la réconciliation : oublier une injure reçue, c'est la plus noble ou plutôt l'unique manière de s'en venger : ne point aimer à contredire : ne point condamner tout seul ce qui plaît à plusieurs : paroître ignorer le mal qu'on dit de nous en notre absence ; le meilleur moyen de réprimer la médisance, c'est de la mépriser : y répondre ; c'est se porter préjudice : s'en offenser, c'est se décréditer & donner aux envieux la satisfaction qu'ils recherchent.

2°. N'affecter point d'emplois extraordinaires : ne point faire parade de sa fortune ; l'ostentation de la personne choque moins.

que l'oftentation de la dignité: n'être pas fingulier, ni par affectation ni par inadvertance: n'être point trop préconifé : favoir triompher de l'envie & de la jaloufie, par une conduite toute oppofée : on ne peut affez louer un homme qui dit du bien de celui qui lui veut du mal, & qui rend fervice à fon ennemi.

3°. Avoir le renom de contenter tout le monde : éviter de paffer pour médifant ; on ne peut manquer de fe faire une mauvaife réputation quand on prend plaifir à flétrir celle d'autrui ; fe confoler de fes défauts fur ce que les autres en ont auffi, c'eft la confolation des foux.

CONCLUSION
DE
CET ESSAI.

C'Est ainsi que faisant passer l'homme par tous les dégrés d'accroissement de l'esprit & du cœur, l'Education donne des Regles pour cultiver cette plante : elle les conforme aux différens progrès qu'elle y remarque. La vivacité du sentiment dans un âge tendre est comme une séve abondante, dont il faut modérer l'excès : elle agit indifferemment en tous sens sur des fibres très-flexibles, fait pousser un trop grand nombre de branches qui rendroient le tronc noueux, ou le feroient languir, si on n'avoit pas soin de retrancher les unes, d'émonder les autres & de leur faire prendre un pli favorable à l'embellissement de la tige & au cours des sucs nourrissiers. Lorsque cette plante commence à porter des fleurs ; l'éducation détache celles qui lui paroissent surabondantes, afin que les autres puissent produire de plus beaux fruits ; quand ces fruits sont formés, elle les préserve de l'impression d'un air contagieux, & les conduit enfin à une heureuse maturité. C'est-à-dire, qu'elle cultive l'esprit & l'orne d'un grand nombre de connoissances utiles ; qu'elle le dégage de tous faux préjugés, le préserve de toutes erreurs, & sur-tout de celles qui pourroient influer sur la volonté. Elle regle ces deux puissances de notre âme l'une par l'autre, & établit entr'elles une parfaite union; elle les fait agir, puis leur donne des préceptes. Mais ce n'est point avec le ton d'une maîtresse impérieuse & farouche : c'est avec la bonté d'une mere qui porte son fils encore enfant, qui le conduit par la main quand ses pas sont encore chancelans ; enfin qui l'éleve au point de pouvoir le laisser à lui-même J'ai séparé ce qui regarde l'Esprit de ce qui appartient au Cœur, afin que l'on puisse plus aîsément remarquer ce qui est du domaine particulier de l'un ou de l'autre : ce sont deux puissances confédérées, dont il faut rendre l'alliance inviolable & qu'il faut toujours faire agir de concert. Je n'ose me flatter d'avoir réuni dans ce petit Ouvrage, tous les moyens d'entretenir cette parfaite union. Je serai content, si j'ai bien rempli mon projet ; qui

qui est d'indiquer par ordre tout ce qu'il faut faire pour accoutumer le Cœur à suivre les lumieres d'un Esprit éclairé, & l'Esprit à ne se point livrer aux mouvemens du Cœur. Je laisse à la capacité des Maîtres à donner à mes réflexions toute l'étendue qu'ils jugeront à propos, à suppléer à ce qui manque, & à déterminer par des applications particulieres ce qui leur semblera trop général.

FIN.

De l'Imprimerie de Ch. J. B. Delespine,
Imp. Lib. ord. du Roy.

www.ingramcontent.com/pod-product-compliance
Lightning Source LLC
Chambersburg PA
CBHW070849170426
43202CB00012B/2007